Maschine frisst Mensch

Überleben wir die Digitalisierung?

August Freitag

Bibliografische Information der Deutschen Nationalbibliothek: Die Deutsche Nationalbibliothek verzeichnet diese Publikation in der Deutschen Nationalbibliografie; detaillierte bibliografische Daten sind im Internet über dnb.dnb.de abrufbar.

© 2016 August Freitag

Herstellung und Verlag:
BoD – Books on Demand, Norderstedt

ISBN: 978-3-7431-4182-7

Inhalt

Wer die Zukunft erblicken will,
muss ihr Antlitz ertragen können.

Nochmals von vorn

Was geschieht mit dieser Welt? Sie verändert sich seit eh und je. Mal schneller, mal langsamer. Und von Zeit zu Zeit entsteht etwas ganz Neues, das wiederum weitere Veränderungen bewirkt. Das war zum Beispiel so, als auf unserer Erde Leben entstand. Wir sind wohl wieder soweit: Wie bedeutend ist die Entwicklung der menschlichen Technik, besonders der digitalen Technik, für die Welt? Die Technik hat – gepaart mit der künstlichen Intelligenz – das Potenzial, grundlegende Umwälzungen auszulösen, nicht bloß in der Arbeitswelt oder in unserer Privatsphäre, sondern in der ganzen Welt, über die Erde hinaus. Dieser Prozess hat schon begonnen, aber das meiste steht noch bevor. Ein wesentlicher Punkt wird die sogenannte Singularität sein, auf die einige gespannt warten – der Moment, wenn die künstliche Intelligenz den Menschen überflügelt. Andere fürchten sich vor ihr. Während die Welt über Terrorismus, Klimawandel, Finanzkrisen und Flüchtlingsmassen diskutiert, lauert die richtig große Gefahr an einem ganz anderen Ort.

Was bewirkt die Digitalisierung? Und was die Singularität? Welche Auswirkungen hat sie auf die Erde, auf uns Menschen und auf die ganze Welt? Wie verändert sich unser Leben im Speziellen oder das Leben allgemein? Wie verändern sich unsere Werte? Vieles wurde zu diesem Thema schon gesagt, prophezeit, ausgerechnet. Ich habe es nicht alles gehört oder gelesen, aber es zeichnet sich für mich ein immer klareres Bild ab, und ich musste meine Gedanken für mich ordnen und das Bild festhalten. Nochmals von Anfang an. Deshalb dieses Buch. Es ist in keiner Weise wissenschaftlich, es erfasst längst nicht alle Aspekte, es erklärt auch nicht alle gerade aktuellen Technologien und geht nicht auf die Details ein – die Angebote und einzelnen Ausprägungen ändern sich zu schnell; das Buch stellt in möglichst verständlichen Worten einfache Grundlagen und meine Beobachtungen zusammen, die sich zu einem Ganzen fügen. Diese sollen darstellen, warum die digitale Technik so grundlegende Veränderungen für die Welt bringen wird, und warum wir sie nicht aufhalten können: Neue Wesen entstehen, die unsere Menschheit überflügeln werden und unser künftiges Leben beeinflussen werden, die über die Erde hinauswachsen und den Weltraum erobern werden. Das biologische Leben wird durch technologisches ergänzt, wahrscheinlich dominiert oder gar abgelöst. Was bisher Science Fiction war, entsteht jetzt vor unseren Augen in der Realität. Noch langsam, aber mit zunehmender Geschwindigkeit. Ob die neuen technischen Wesen uns ein Paradies ermöglichen oder doch eher einen Krieg der Sterne bescheren, können wir noch nicht abschätzen, aber mit viel gutem Willen und vereinten Kräften vielleicht schon heute zu unseren Gunsten beeinflussen.

Zur Verständlichkeit der Vorgänge benutze ich immer wieder bildhafte Vergleiche. Sie sind nicht wörtlich zu nehmen; Bilder können gefährlich sein, wenn man sie ins reale Leben überträgt. So wurden Menschen schon oft ganz harmlos mit Ameisen verglichen, wenn man sie zum Beispiel von der Terrasse eines Hochhauses aus betrachtet, aber zuweilen fiel in der Menschheitsgeschichte der ganz perfide Vergleich von Menschen mit Ungeziefer. Trotz der Gefährlichkeit von Bildern sind Vergleiche als Erklärungsversuche oft notwendig, weil es schwierig ist, etwas zu begreifen und zu beschreiben, das in der Zukunft liegt oder gerade im Entstehen begriffen ist oder das weit über den einzelnen Menschen hinausreicht.

Prognosen sind schwierig und meine Beobachtungen sind nicht alle belegt, aber sie zeichnen sich eindeutig ab. Die Wissenschaft – oder die Zukunft – wird zeigen, was richtig ist und wo ich mich irre. Die Tendenz aber ist eindeutig, deshalb ist es höchste Zeit, dass sich nicht nur Informatiker und Wissenschaftler oder Science-Fiction-Autoren mit der Digitalisierung beschäftigen, sondern dass wir sie in der breiten Öffentlichkeit diskutieren. Schon bald wird es zu spät sein. Welche Zukunft wollen wir? Diese Diskussion können wir nur dann richtig führen, wenn wir uns nicht in Details der digitalen Technik verlieren, sondern den Blick für das ganz große Ganze erhalten. Ich hoffe, dieses Buch trägt dazu bei.

Leben füllt den Raum

Der Mensch ist nicht die Krone der Schöpfung. Es wäre ein Irrtum zu glauben, dass die Evolution ausgerechnet vor dem Menschen Halt macht.

Offenbar neigen einige – vielleicht sogar viele – Menschen dazu, die Gegenwart als Abschluss einer langen Geschichte zu sehen, die sich auf eine nahe Zukunft hin zuspitzt. Einige der ersten Kommunisten sahen ihre Sache als Gipfel nach einem langen Hin und Her in der Menschheitsgeschichte; sie strebten eine Revolution an, die den idealen Zustand für uns erreichte. Nach dem Zusammenbruch der Sowjetunion redeten dann andere vom »Ende der Geschichte«, was natürlich ebenso unsinnig ist. Die Geschichte endet nicht. Ebensowenig steht ein Weltuntergang bevor, nur weil manch einem scheint, dass sich die Welt schneller verändert oder dass das ganze Leben auf den Kopf gestellt wird.

Unser Leben wird oft geprägt durch die Kindheit, in der wir die Welt kennen lernen. Alles, was sich später ändert, widerspricht diesem Weltbild, das wir innerlich zur Norm erhoben haben. Doch die einzige Norm ist der stete Wandel. Der Mensch kann sich dem nicht entziehen. Der Traum vom Paradies, der sich in vielen eingenistet hat und einen idealen Endzustand ausmalt, ist nur vorübergehend.

So kommt es, dass sich der Mensch gerne als Höhepunkt der Evolution sieht. Tatsächlich hat es der Mensch im Laufe seiner Geschichte geschafft, sich an die Spitze der Lebenspyramide zu setzen. Und sich dort festzusetzen. Der Mensch alleine gestaltet die Welt, Tiere sind für uns keine Bedrohung mehr, nur wir sind es für sie. Höchstens Naturgefahren wie Erdbeben bleiben gefährlich, aber nicht auf einen Schlag für die ganze Menschheit. Angenommen, es gibt noch keine Außerirdischen: Wer sollte den Menschen bezwingen? Es ist – auf den ersten Blick – kein Wesen in Sicht, das an unserer Vormacht etwas ändern könnte. Außer der Mensch selbst.

Solange die Existenz Außerirdischer nicht abschließend bewiesen ist, gehe ich übrigens davon aus, dass es keine gibt. Es besteht zwar durchaus eine Wahrscheinlichkeit, dass sich in den Weiten unseres Universums noch anderswo Leben entwickelt hat, aber für die momentanen Betrachtungen hat das für mich keine weitere Bedeutung.

Wer oder was also löst die Menschen an der Spitze der Pyramide ab? Man könnte sagen, der Mensch unterbindet jede weitere normale Entwicklung, wie sie davor immer stattgefunden hat. Sein technischer Vorsprung auf alle anderen Lebewesen ist einfach viel zu groß. Aber die Evolution wird einen Weg finden. Allerdings gehe ich nicht davon aus, dass die Evolution aktiv ist, dass sie Wege sucht und findet. Sie geschieht einfach. Das Leben breitet sich aus, füllt Lücken, wo es welche gibt. Wie Wasser, das aus einem Glas auf einer freien, glatten Tischplatte ausgeleert wird und sich dann ausbreitet. Solange es Raum gibt, hat darin eine Entwicklung Platz. Und es gibt viel Raum, sehr viel sogar: mindestens unseren ganzen Weltraum.

Wie nimmt das Leben diesen Weltraum ein? Durch den Menschen? Wir hegen Pläne dazu. Die Science-Fiction-Literatur und entsprechende Filme sehen es so vor. Den Mond haben wir bereits betreten, die Marsmission bereiten wir vor. Das Bild, dass die Menschheit den Raum erobert, hat sich bereits in unseren Köpfen festgesetzt. Wir treiben die Entwicklung voran und sind zuvorderst. Doch mal im Ernst: Wie sollen wir mit unserer begrenzten Lebensdauer Tausende Lichtjahre reisen? Jedes Mal über viele Generationen hinweg? Selbst wenn wir unser Leben verlängern können, zuerst um weitere hundert Jahre, dann nochmals um so viel: Bis wir es zur Unsterblichkeit schaffen, wird uns die Technik schon überholt haben. Sie wird den Weltraum selbständig erobern und uns als Krone der Schöpfung ablösen. Die Digitalisierung schafft die Voraussetzungen dazu.

Wir wissen, dass wir einmal mehr nicht das Zentrum der Welt sind. Weder kreist die ganze Welt um unsere Erde noch steht der Mensch im Mittelpunkt der Schöpfung. Er fügt sich als kleiner Teil in eine unendlich lange Kette. Immerhin: Vielleicht kommt uns eine bedeutende Rolle zu in dieser Kette, vielleicht machen erst wir die weitere Entwicklung möglich. Vielleicht bringen erst wir die Evolution auf eine neue Stufe.

Die Schritte der Evolution

Die Evolution entwickelt sich nicht gleichmäßig, sondern in kleineren und größeren Schritten. Sie wird durch einige Ereignisse gefördert, durch andere gehindert. Es sind noch nicht alle Schritte abschließend dokumentiert, und ich bin die falsche Person, um die Evolution hier komplett zu erklären. Aber einige Punkte helfen, sich vor Augen zu führen, wie die Evolution weitergehen könnte.

Aus den ersten Lebensbausteinen wie etwa Aminosäuren in der sogenannten Ursuppe entstanden irgendwann die ersten Einzeller. Aus unserer Sicht sind das primitive Wesen, genau genommen aber schon sehr komplexe Lebensformen, in denen viele Teile genau zusammenspielen müssen, damit sie leben können: Chromosomen, Mitochondrien und wie die Fachbegriffe alle heißen.

Der nächste große Schritt waren Mehrzeller. Sie entwickelten sich aus den Einzellern, mehrere Zellen begannen sich zu organisieren. Zuerst in sehr einfachen Formen, dann immer komplexer. Während es schon viele unterschiedliche Einzeller gab und gibt, ermöglichte die Entstehung der Mehrzeller eine schier unglaubliche Vielfalt von Lebensformen, vor allem auch größerer Lebensformen. Die Evolution nahm jetzt erst recht ihren Lauf: Je nachdem, wie sich die Zellen untereinander organisierten, welche Funktionen sie übernahmen, wie sie sich spezialisierten und wie das alles zusammenspielte, ergaben sich die mannigfaltigsten Pflanzen und Tiere.

In der Leere entstand eine Fülle, das Leben eroberte immer mehr Räume auf der Erde. Es drang in unwirtliche Wüsten und bis an die kalten Pole vor, in die Tiefen der Ozeane und die Höhen des Himalajas. An geeigneten Orten verwandelte sich die karge Erdkruste mit der Zeit in üppig bewachsene und bewohnte Dschungel. Die Organismen entwickelten sich miteinander und gegeneinander, als Nahrungsquelle oder Bestäuber und als Konkurrenten um dieselbe Beute oder um denselben Lebensraum. So passte sich das Leben an verschiedene Umstände an, einige Arten wie auch der Mensch brachen aus ihrem ursprünglichen Raum auf und eroberten neue Gebiete. Dabei nahmen sie andere Arten mit, sie veränderten den neuen Wohnort oder veränderten sich selbst in der neuen Umgebung. Die Wissenschaft geht zum Beispiel davon aus, dass wegen Mammuts und anderer großen Tiere die öde Tundra zu einem blühenden Lebensraum wurde oder dass das Verschwinden ebensolcher Großtiere in Teilen Europas zu einer Verdichtung des Waldes führte. Der Einfluss des Menschen auf die Umwelt ist ebenfalls weitherum bekannt.

Die nächste Entwicklungsstufe nach den Mehrzellern waren Gemeinschaften: Ameisen, Bienen, Büffelherden, Wolfsrudel, Menschengruppen. Kleine Gruppen, große Staaten. Indem die Lebewesen nicht auf sich alleine gestellt waren, sondern sich auf einer höheren Stufe untereinander zu organisieren begannen, konnten sie wieder neuen Lebensraum erobern und behaupten. Alleine hätte es ein Mensch nicht geschafft, wenig fruchtbare Gebiete wie die Arktis oder eine Wüste zu besiedeln. Erst durch gegenseitige Unterstützung und Aufteilung der Arbeiten war die Eroberung dieser neuen Räume möglich. Auch die Umstellung vom nomadischen Jagen und Sammeln auf den sesshaften Ackerbau und auf die Einrichtung großer Staaten erlaubte weitere Entwicklungen.

Doch ab einer gewissen Größe der Gemeinschaft oder des Staates wird es schwierig, die Kräfte noch effizienter zu bündeln. Und je komplexer die einzelnen darin lebenden Organismen, desto komplexer die Staatsführung. Bei Ameisen ist es wohl noch einfacher als bei Menschen. Also versuchte sich die Menschheit mit verschiedenen Staatsformen. Mal mit mehr Kontrolle, mal mit mehr Freiheiten. Mit zentraler oder dezentraler Verwaltung, mit vorausführenden Eliten oder basisbestimmter Politik. Auch das ist eine Art der Evolution.

Welches ist jetzt der nächste Entwicklungsschritt? Wie kann das Leben weiter wachsen? Die Evolution zielt nicht auf einen Abschluss hin, sie führt keine Hitparaden und Hierarchien, sie braucht keine eindeutige Spitze der Pyramide, wie es die Menschen gerne tun. Ein möglicher nächster Schritt zeichnet sich aber ab: Die Vernetzung und Digitalisierung bringen eine neue Dimension in unsere Gemeinschaft. Sie ermöglichen neue Organisationsformen, die dem Leben helfen, größere Gemeinschaften oder Wesen zu bilden und den nächsten Raum zu erobern, den Weltraum. Erste Anläufe sind schon geschehen, aber es liegt noch viel, viel mehr drin. Wir befinden uns in der nächsten großen Wachstumsphase. Das Leben braucht diese, um den Sprung vom winzigen Planeten Erde ins riesige Universum zu schaffen, mit den bisherigen Mitteln ist das nicht erreichbar.

Das Gesetz der Effizienz

Am besten entwickelt sich, was effizient ist. »Survival of the fittest«, wie es Darwin für die Lebewesen nannte. Fit nicht im Sinne von sportlich, sondern am besten an die Umgebung angepasst. Ich nenne es effizient; das verdeutlicht, was ich beobachte. Man kann es mit einem Strom Wasser vergleichen, der dort durchfließt, wo es am besten geht; er wird keine Umwege machen, wenn keine Hindernisse stören, weicht aber aus, wenn es einfacher geht. Wenn das Ausweichen zu viel Aufwand braucht, wird auch mal das Hindernis mitgerissen. Ich bin nicht Physiker, vielleicht wäre die Effizienz in der Evolution physikalisch nach den Gesetzen der Energie erklärbar. Genau deshalb benutze ich nicht Darwins Definition, sondern die Effizienz: Sie lässt sich nicht nur auf die Tiergattungen anwenden, sondern auf alles – vom Wasserstrom über die Lebewesen bis zu unseren technischen Entwicklungen, zu unserer Infrastruktur oder zu den gesellschaftlichen Strukturen.

Auf den ersten Blick scheint es fast unglaubwürdig, dass sich das Leben effizient entwickelt, wenn man sich seine schier überquellende Fülle anschaut. Aber ein Baum, der Platz hat, wächst nicht schnurgerade in den Himmel, sondern entfaltet sich, es bilden sich viele Äste und Blätter in alle Richtungen; das ist für den Baum effizienter, er kann das Licht von allen Seiten nutzen. Die in der Umgebung nachfolgenden Bäume müssen sich besser anpassen, weil schon der erste den Platz am

Licht einnimmt. Auch sie wachsen nicht zwingend gradlinig, sondern den Umständen entsprechend. Effizient heißt also nicht unbedingt mit möglichst wenig Aufwand geradeaus. Ein Baum weiß im Voraus nicht, welche Äste und Blätter er am meisten brauchen wird. Für ihn kann es besser sein, in alle Richtungen abgesichert zu sein. Oberflächlich betrachtet wäre es vielleicht auch für den Menschen effizienter gewesen, in Landstrichen mit einer Fülle an Früchten zu bleiben. Offenbar hat aber gerade der Aufbruch in kargere Gebiete einen weiteren Entwicklungsschritt ausgelöst. Der Mensch begann unter anderem, Bewässerungssysteme anzulegen und für den Winter Vorräte zu konservieren.

Lebewesen, die effizienter sind, setzen sich in der Evolution durch. Dabei hat es durchaus Platz für unterschiedliche Formen: Die Mehrzeller waren viel effizienter in gewissen Bereichen, sie haben aber die Einzeller nicht ersetzt. Der Mensch war sehr effizient darin, die ganze Welt zu besiedeln – und nach eigenem Nutzen umzugestalten. Einige andere Lebewesen wurden oder werden dadurch teilweise oder vollständig verdrängt, vom Großraubtier bis zum ungeliebten Virus. Andere bleiben, haben sich angepasst oder konnten im Gefolge des Menschen erst richtig aufleben.

Sippen und Staaten haben sich als effizient erwiesen, damit der Mensch immer mehr Raum einnehmen konnte. Gemeinsam haben die Menschen Nahrungsmittel angehäuft, Vorräte angelegt und wieder verteilt. Handel entstand; wir bauten Verkehrswege, Transport- und Zahlungsmittel. Die Kommunikation wurde immer ausgefeilter. Diese Entwicklung setzt sich fort. Das Prinzip der Effizienz gilt nicht nur für die Lebewesen selbst:

Verkehrswege etablieren sich dort, wo sie Effizienzgewinne bringen. Und wenn Hindernisse im Weg sind, lohnt es sich ab einem gewissen Zeitpunkt, einen Tunnel oder eine Brücke zu bauen. Je nach Entwicklung sind einige Wege besser – sie werden öfter genutzt und ausgebaut; sie entwickeln sich wie ein Bachbett, in dem das Wasser schneller vorwärtskommt, bis es auf ein anderes Hindernis stößt oder einen anderen Weg einschlägt, der noch besser ist.

Das Internet und die Digitalisierung ermöglichen in vielen Bereichen Wege und Adern, die noch effizienter funktionieren als die herkömmlichen – für immer mehr Funktionen. So breitet sich neue Technik im Leben aus wie die Äste oder wie die Wurzeln eines Baumes. Mal wird die Technik hier gebraucht, mal dort, mal mehr, mal weniger. Die Effizienz entscheidet darüber, welche Entwicklungsstränge anschwellen, welche abschwellen und in welche Richtung sie sich bewegen. Und wir uns mit ihnen.

Das Internet schweißt zusammen

Wie so oft in der Evolution entsteht Neues nicht zielgerichtet. Dinge nehmen sich den Raum, den sie vorfinden, und versuchen, sich darin zu behaupten. Das kann auch mal schiefgehen, die riesigen Dinosaurier sind ausgestorben. Andere Arten aus jener Zeit haben überlebt oder sich weiterentwickelt. Aus einem Seitenzweig der Ursaurier entstand die bunte Vogelwelt. Die Säugetiere – zur Saurierzeit noch weniger bedeutend – haben den von den Dinosauriern zurückgelassenen Raum eingenommen und neu gefüllt.

Auch die Evolution der menschlichen Technik ging nicht immer zielgerichtet vonstatten. Natürlich versuchten die Menschen meist, ein Ziel zu erreichen und dazu eine geeignete Technik zu finden. Dabei ergaben sich aber auch Nebeneffekte und Nebenerfindungen. Außerdem verfügt der Mensch über einen Spieltrieb (und nicht nur der Mensch, wenn man manchen Tieren zuschaut). Einige so entstandene Techniken haben sich durchgesetzt, andere wurden abgelöst. Daneben gibt es wohl viele, die gar nicht erst bekannt wurden.

Nach all den Techniken von der Herstellung einer einfachen Speerspitze und dem Aufstellen eines Zeltes bis zum Hausbau, zur Dampfmaschine, zur Glühbirne und dann bis zum Computer hat heute auch das Internet seinen Raum gefunden, um sich zu entfalten. (Wobei wie in der Evolution oder in der Entwicklung des Lebens nicht das Internet selbst eine aktive Rolle spielt.) Bei der Entstehung des Internets hat wohl noch niemand dessen ganzes Potenzial erkannt. Nur, dass es in gewissen Situationen hilfreich sein kann – mit anderen Worten gesagt: dass es effizient sein kann.

Was ist geschehen? Der Mensch hat schon immer Infrastruktur aufgebaut, welche bessere Verbindungen innerhalb eines Staates oder zwischen den Staaten erlaubte. Sei es für den Handel oder für den Informationsaustausch – ebenfalls für militärische Zwecke, zum Beispiel für die Truppenverschiebung oder -versorgung. So gab es Straßen, dann Kurier- und Postdienste; hinzu kamen die Eisenbahn, Telegraf, Telefon, Radio, Fernsehen, Autobahnen und ein immer dichteres Verkehrsnetz auf dem Land, im Wasser sowie in der Luft. Das Internet fügt sich nahtlos in diese Reihe. Und doch erhält es eine neue Qualität.

Die Welt ist durch das Internet zum Dorf geworden. Sie wächst immer enger zusammen, die Kontakte werden unmittelbarer. Schon Eisenbahn, Auto und Flugzeuge machten aus einem Abenteuer eine einfache Tagesreise. Trotzdem konnte man in Sibirien noch sagen: »Moskau ist fern.« Ein Ferngespräch von Europa nach Australien war teuer. Das ist anders geworden. Die Gemeinschaft wächst zusammen. Wir fühlen einander den Puls, in Sekunden breiten sich Gefühle und Eindrücke rund um den Globus aus. Wir kennen mehr Leute; nicht besser, aber mehr. Die vielen Facebook-Freunde sind wohl nicht alles echte Freunde, aber sie sind Kontakte mit Potenzial für mehr. Die Reaktionen durch die ganze Kette der Menschen werden schneller und einfacher, als wäre es ein einziger Körper, der ultraschnell Signale von einem Körperteil in den anderen sendet.

Man erfährt etwas übereinander, wie früher im Dorf, aber weltweit. Vieles ist einfach Tratsch und Klatsch. Dazwischen gibt es hilfreiche Vermittlung von Wissen, von weiteren Kontakten, von Hilfe. Stellensuche, Ratsuche, Partnersuche sind umfangreicher und schneller geworden. Einiges läuft offensichtlich und bewusst, anderes subtiler und möglicherweise ungewollt. Zudem können wir uns untereinander einfacher organisieren und dabei spielend viel mehr Personen miteinbeziehen. Bis zur großen Bewegung, wie dies unter anderem im sogenannten Arabischen Frühling der Fall war.

Natürlich geht es im Internet nicht nur um menschliches Verhalten. Das Netz bietet viel mehr Möglichkeiten – etwa logistisch. Wir können Waren effizienter bereitstellen und verteilen, wir können Gegenstände miteinander verknüpfen, und manche Leistung wird noch hinzukommen. Welche Optionen alle ausprobiert werden und sich dann auch etablieren werden, ist ungewiss. Das Internet ist vergleichsweise jung in der Menschheitsgeschichte. (Selbst nach einer langen Zeit wird sich immer wieder etwas ändern können.) Gesetzt ist aber die Grundlage, die aus zwei Faktoren besteht: 1. aus der Infrastruktur, dem immer dichter werdenden Netz mit immer mehr angeschlossenen Einheiten, 2. aus den digitalen Standards, einer einfachen, einheitlichen Basis aus Nullen und Einsen, die für alle angeschlossenen Einheiten gleich bleibt. Auch die Folgen lassen sich in zwei Hauptkategorien teilen: 1. Die Technik selbst, die immer mehr zusammenwächst. 2. Die Organisation unseres Lebens, die ganz neu gestaltet werden kann. Wirtschaftliche Prozesse ändern und beschleunigen sich, wenn Produzenten, Lieferanten und Konsumenten sich neu und effizienter organisieren können. Die politische Dynamik kann sich wandeln, wenn sowohl die Informationsverbreitung anders als früher funktioniert wie auch die Vernetzung der potenziellen politischen Akteure. Und so schickt dieser Körper, der zusammenwächst, nicht nur Signale durch alle Körperteile, sondern organisiert auch die Weitergabe von Teilchen, wie im menschlichen Körper Nährstoffe oder Blutkörperchen. Er ändert außerdem seine Bewegungsabläufe, die sich immer besser koordinieren lassen.

Transparenz drückt und bewegt

Was geschieht, wenn das Internet die Welt zum Dorf macht? Im Dorf ist die soziale Kontrolle stark, die Nachbarn stehen unter Beobachtung. In der Stadt bildete sich eine gewisse Anonymität heraus. Nicht hundertprozentig, aber viel stärker als in kleinen Siedlungen. In diesen bleibt selten etwas verborgen: Wer steht wann auf? Bei wem brannte gestern Abend noch lange Licht? Wer hat hinter den geschlossenen Jalousien etwas zu verbergen? Wer hatte Damen- oder Herrenbesuch, und welche Wäsche hängt im Garten zum Trocknen? Zum einen haben wir die offensichtlichen Tatsachen, die bekannt werden; zum andern ergeben sich Rückschlüsse, die gezogen werden sowie die Mutmaßungen und die Gerüchte, die daraus entstehen. Trotz der engen sozialen Kontrolle des Dorfes bleibt eine gewisse Privatsphäre gewahrt: Die Nachbarn sehen nicht alles, was hinter verschlossener Türe vor sich geht und Gedanken lesen können sie auch nicht.

Wie sieht das im Internet aus? Wir erleben zwei Prozesse: Erstens wurde die Anonymität noch größer als in der Stadt. Kein Wunder, denn plötzlich waren noch viel mehr Menschen vor Ort als in der größten Metropole. Und vorerst wusste niemand so sicher, wer sich hinter dem Gegenüber verbarg. Zweitens aber schwindet die Anonymität wieder. Taten gehen nicht unbemerkt durch – und sie gehen nicht vergessen. Das Internet ist ein öffentlicher Raum, in dem jederzeit irgendjemand zugegen ist und als Zeuge auftreten kann. Wir haben dazu eine gegenseitige Beobachtung – gewollt und ungewollt. Wir stellen Persönliches ins Netz: Fotos, Videos, Gedanken. Wir hinterlassen Spuren, wenn wir zeigen, was uns gefällt, mit wem wir bekannt sind, wo wir waren, was wir essen und welchen Sport wir treiben. Das lässt sich im Internet noch auf unbestimmte Zeit zurückverfolgen. Je nachdem lassen sich auch Schlüsse daraus ziehen: mit wem wir nicht öffentlich bekannt sind oder was wir nie sichtbar tun. Das alles entspricht mehr oder weniger der bisherigen dörflichen Kontrolle. (Selbst wenn es einfacher geworden ist, Vergangenes nachzuschauen – auch im Dorf halten sich Erinnerungen und gibt es Menschen, die ein besonders gutes Gedächtnis haben.) Wenn sich im Internet so viel über uns nachvollziehen lässt, so ist das meist beunruhigend; manchmal ist es hingegen besser, weil dann gleich die richtigen Tatsachen ans Tageslicht kommen und nicht durch verfremdete Erinnerungen und Gerüchte Konflikte entstehen.

Immer mehr wird über die Benutzerinnen und Benutzer des Internets bekannt, gleichzeitig wissen immer mehr Menschen, wer sich hinter einem Anschluss verbirgt. Im Hintergrund läuft die Registrierung: Staaten, Geheimdienste, Unternehmen, Suchmaschinen und weitere Plattformen sammeln Daten über uns und können genau herausfinden, wer hinter welcher Tat steckt. Auch Hacker verschaffen sich zuweilen Zugriff auf persönliche Daten – manchmal unbemerkt, manchmal inklusive Publikation. Dazu kommt vor, dass die Gemeinschaft der vielen Teilnehmenden durch logische Rückschlüsse oder konstante Beobachtung eine Anonymität, eine Ungereimtheit oder ein auffälliges Verhalten aufdeckt. Wenn jetzt also das Internet die Welt zum Dorf macht, dann kommt auch die soziale Kontrolle des Dorfes zurück.

Durch das fast lückenlose Sammeln der Daten überschreiten wir die Grenze des Bisherigen bei Weitem. Solange zum Beispiel Geheimdienste sogenannte Metadaten sammeln – die Bezeichnung dafür kann sich ändern –, gleicht das Ganze noch der bekannten Überwachung. Für die Geheimdienste ist es einfacher geworden und sie können viel mehr Daten sammeln, aber diese Metadaten sind alles noch »äußerliche« Fakten: Wer reist wohin? Wer hat mit wem Kontakt? Wann genau und wie lange? Wer kauft wann wo ein? Daraus lassen sich eine Menge Schlüsse ziehen, doch Gedanken kann man deshalb noch nicht lesen. Auch hier gilt: Manchmal ist es gefährlicher, wenn man aufgrund von Vermutungen Schlüsse zieht. Wie im Dorf: der Damen- bzw. Herrenbesuch allein heißt noch nichts, selbst wenn er die ganze Nacht dauert. Fehlschlüsse sind möglich. So ist in den Augen der Geheimdienste plötzlich jemand Terrorist, nur weil er per Zufall für eine gewisse Zeit ähnliche Verhaltensmuster hatte. Weil er in der Suchmaschine die gleichen Fragen stellte, in der U-Bahn ähnliche Bewegungsmuster zeigte, einmal in ein verdächtiges Land reiste oder eine als Witz gemeinte Aussage ins Internet stellte, die ernst genommen wurde.

Um einiges über die Metadaten hinaus geht die komplette Erfassung sämtlicher Suchanfragen im Internet, jeder Verweildauer auf jeder besuchten Seite. Wenn damit jeder verfasste Kommentar verknüpft wird, alle gekauften Artikel, ja irgendwann sogar die Blickrichtung, die Heftigkeit der Reaktion und vieles mehr vermessen wird: Dann sind wir beim Gedankenlesen. Alles wird transparent. Wir sind schon fast soweit.

Die Nähe, die durch das Internet entsteht, schafft also auch Enge. Die anfängliche Anonymität ist nicht mehr in allen Fällen oder bald einmal gar nicht mehr gegeben. Selbst abseits bleiben – oder ganz offline – hilft nicht: Fotos und Videos zirkulieren ungewollt und von Abwesenden. Immer mehr sogar, wenn die Aufnahmen nicht nur durch Freunde und Bekannte, sondern automatisch und versteckt erstellt und geteilt werden. Daten, die zum Beispiel von Staats wegen gesammelt werden müssen oder die Versicherungen über ihre Kunden anlegen, sind ebenfalls im Netz.

Auf diese Weise entsteht durch das Internet in seiner heutigen Form ein Gemeinwesen, dass viel größer ist als alle bisherigen zuvor. Es wird noch einige Zeit dauern, bis es sich eingespielt haben wird und einigermaßen funktionieren wird. Falls dies überhaupt möglich ist, denn alle bisherigen Gemeinschaftsformen und Staatswesen in der Menschheitsgeschichte waren und sind ständigen Verwerfungen und Konflikten unterworfen. Trotzdem können wir heute feststellen, dass die Digitalisierung potenziell ein viel größeres Gemeinwesen zu kontrollieren vermag, als es die Evolution bisher zustande brachte. Es gleicht der Entstehung der Mehrzeller aus den Einzellern, nur auf höherer Stufe.

Wie geht das? Nur ein Beispiel: durch die zunehmende Transparenz aller Taten entsteht Druck, sich konform zu verhalten. Wenn alle alles über uns wissen und sehen können, getrauen wir uns nicht mehr alles zu tun. Das heißt, wir verhalten uns einheitlicher, wie ein einziger Körper, statt wie viele verschiedene. Solch synchrones Verhalten entsteht nicht nur auf äußeren Druck hin, sondern auch aus innerer Motivation heraus, man nennt das Schwarmverhalten. Gemeinsam bestimmen wir die Richtung und koordinieren unser Vorgehen in der Gesellschaft. Das war schon immer so, wird durch das Internet aber potenziert. Die Wissenschaft wird zeigen, ob sich unser Verhalten dadurch wesentlich ändert.

Insgesamt wachsen wir als Körperschaft zusammen, wir bilden mehr und mehr einen Superorganismus, wie es ihn noch nie gab. Wir tauschen Informationen wie über Nervenbahnen aus, bewegen synchron ganze »Körperteile« und entwickeln einen immer koordinierteren – und automatisierten – »Stoffwechsel« (Warentransporte, die ganze Logistik und mehr).

In diesem Fall scheint die totale Transparenz, die so furchtbar erscheint, eine natürliche Sache zu sein. Wenn ein komplexer Organismus zusammenwächst, zählt individuelle Freiheit wenig. Der Gedanke an eine übergeordnete Registrierung unserer Bewegungen und Gedanken ist natürlich nicht sehr erfreulich, weil die Richtung des Informationsflusses einseitig ist: Das Hirn weiß sehr wohl, was die Hand tut; die Hand weiß aber nicht, was im Hirn vorgeht. Das ist in diesem neu entstehenden Überorganismus der digital erfassten menschlichen Gemeinschaft nicht zwingend so: Weil er erst im Entstehen begriffen ist, kann sich dieser Sachverhalt ändern, wir können ihn ändern. Dann wäre nicht nur der Mensch gläsern, sondern auch die Regierung oder Organisation, die unsere Daten erfasst. Bisher deutet nicht viel darauf hin, aber theoretisch möglich wäre es noch.

Social Media ganz gefühlvoll

Zu Beginn der Entwicklung des Lebens, sowohl zuerst bei den Einzellern als auch danach bei den Mehrzellern, mussten sich erst verschiedene Teile, Organe, Gewebe mit jeweils eigenen Funktionen herauskristallisieren. Das geschah nicht von einem Tag auf den andern. Mit der Zeit bildeten sich zum Beispiel bei Einzellern Geißeln zur Fortbewegung oder Härchen und Lichtflecken zur Wahrnehmung der Umgebung. Bei den Mehrzellern entstanden aus einigen Zellen Augen, aus anderen Knochen oder Muskeln. Enzyme, Drüsen, Blutbahnen und Blutkörperchen, Bindegewebe und Trenngewebe nahmen ihre Formen und spezifischen Eigenschaften an. Komplexe Organismen entstanden, sie brauchten einen Stoffwechsel und Signalverarbeitung.

Mit der Zeit kann auch der Superorganismus, der durch die Digitalisierung entsteht, verschiedene Funktionen und Organe herausbilden. Dabei ist es noch ungewiss, welches Organ welche Gestalt annehmen und welche Funktion ausführen wird. Gefäße, die heute groß sind, wie Google und Facebook, können abgelöst werden oder sich wandeln, aufsplitten oder vereinigen. Wie sich die Informationswege, die Adern, entwickeln, liegt in der Hand der Nutzer. Im Moment spielt Größe eine Rolle – dort, wo viele Mitmenschen sind, drängt es auch die anderen hin. Auf den ersten Moment scheint es effizienter, wenn man an einem Ort alle trifft. Das ist nicht in Stein gemeißelt. Vielleicht ist es irgendwann hilfreicher, sich in kleineren, geschlossenen Gruppen auszutauschen. Um es mit einem anderen Bild zu veranschaulichen: Anstatt an die Großveranstaltung geht man eher in überschaubare Cafés und Bars. Schon heute gibt es auch diese Bewegung, wenn sich etwa die Jugend von den Erwachsenen trennen will und deshalb das ehemals populäre Facebook verlässt oder wenn in autoritären Staaten oppositionelle Kräfte weniger beachtete Kanäle zum Austausch suchen. Auch Kriminelle suchen Verstecke. Doch nicht immer sind es subversive Bewegungen, die sich von der Masse abkoppeln wollen.

So entstehen und verschwinden, wachsen und schrumpfen zurzeit verschiedene Gefäße oder sie wandeln sich in ihrer Gestalt und Funktion. Es ist wie ein überdimensioniertes Experimentierfeld der Natur. Dabei dienen die digitalen Gefäße nicht nur dem reinen Informationsaustausch, sondern fördern auch das Zusammengehörigkeitsgefühl. Das ist wie bei der Sprache: Sie dient seit Menschengedenken nicht nur dazu, reines Wissen weiterzugeben, sondern bestätigt zum Beispiel auch Beziehungen, etabliert Hierarchien und stellt Mitgefühl her. Daher gibt es etwa Tratsch und Klatsch und Smalltalk. Wir geben Befehle, drohen, schimpfen. Das gemeinsame Beten, Beschwören oder Singen leistete seinen Beitrag an die Gemeinschaft. Mitgefühl wird nicht nur in Taten, sondern auch in Worten ausgedrückt, Komplimente, Anfeuerungsrufe kommen hinzu.

Diese Funktionen des Austausches übernehmen unter anderem die sogenannten Social Media, in denen sich immer mehr Menschen über Wichtiges und Unwichtiges austauschen. Das Gemeinwesen wächst enger zusammen. Die Informationsvermittlung wird schneller und engmaschiger. Gefühle kommen ins Internet. Was sich zusammengehörig fühlt, bildet Gruppen und handelt harmonisch. Ganze Gruppen können sich schneller als bisher synchron verhalten. Das hat man bei modernen Revolutionen gesehen. Dieses Verhalten fürchten vor allem Regierungen, doch das synchrone Verhalten muss nicht nur revolutionär sein, es kann auch im Sinne einer übergeordneten Macht erfolgen: Das Hirn gibt Anweisungen an die einzelnen Körperteile, diese führen die Anweisungen aus. Im negativen Beispiel wird Kriegspropaganda in diesem Sinne benutzt, in der positiven Anwendung sind dies Aufklärung und Präventionskampagnen zum Beispiel in Gesundheitsfragen oder zur Achtsamkeit vor Kriminalität.

Wenn wir etwas ergreifen wollen, muss die ganze Hand komplett funktionieren, es reicht nicht, wenn sich einzelne Zellen lose bewegen. Kleine Kinder lernen die koordinierte Greifbewegung durch stetes Wiederholen und Üben. Bei einem losen Organismus, wie der Menschheit insgesamt, ist das etwas schwieriger. Die Koordination zwischen den einzelnen Elementen muss genau sein, damit die an sich unabhängigen einzelnen Zellen – jeder Mensch – zusammen funktionieren. Die Technologie ist ein Hilfsmittel, damit es gelingt. Wo wird was benötigt? Wer braucht wo Hilfe? Wo sind Krankheiten zu bekämpfen? In welche Richtung wollen wir uns bewegen? Social Media fördern das Herausbilden dieser Bewegungen oder auch einer Art von Organen und Funktionen. Sie geben dem Superorganismus unter anderem ein Gefühl für die Einzelteile.

Social Media helfen der Maschine auch, die Menschen zu verstehen, von der Menschheit zu lernen. Die

Technik, bisher gefühlslose Rechner, beginnt die komplexe Welt und die Vorgänge darin zu erkennen. Sie beobachtet, welche Reaktionen ausgelöst werden, wie sie ausgelöst werden und zu welchen Gegenreaktionen diese wiederum führen. Dank Social Media, das heißt dank der Beobachtung menschlichen Verhaltens in den Sozialen Medien, können Computer die Relevanz der Inhalte erfassen, sie können die verschiedenen Informationen zuordnen. Wenn im menschlichen Körper eine einzige Nervenzelle ein Signal gibt, sagt das unter Umständen noch gar nichts aus. Erst im Zusammenhang mit anderen Signalen, wenn zum Beispiel viele Nervenenden an einer Fingerkuppe dasselbe melden, dann wird das Signal relevanter. Und erst im Zusammenhang mit gespeicherten Erfahrungen kann unser Körper diese Signale richtig einordnen: Ah, der Finger hat ein Stück Holz berührt! Ähnlich verläuft das im Internet. Die Technik alleine versteht noch nicht viel, sie muss erst lernen; das kann und tut sie unter anderem durch Social Media.

Dieser Vorgang gelingt nicht immer: Ein Rechner kann die von Menschen ausgetauschten Signale missdeuten, er kann eine heftige Reaktion überbewerten; unter Umständen überträgt er ein Anzeichen des Gefallens fälschlicherweise auf Situationen, die für ihn ähnlich erscheinen, für die betroffenen Menschen aber gar nicht. Um es mit einem ganz einfachen und harmlosen Beispiel zu sagen: Der Computer schlägt mir aufgrund meines Verhaltens und des Verhaltens meiner Mitmenschen einen Zeitungsartikel vor, der mir überhaupt nicht gefällt (auch Menschen irren sich in dieser Beziehung). Im negativen Beispiel hält er mich aufgrund einmaliger impulsiver, aber harmlos gemeinter Äußerungen in den

Sozialen Medien für einen potenziellen Amokläufer. Der menschliche Körper täuscht sich ebenfalls hier und dort: Ein leichtes Surren am Bein hält er plötzlich irrtümlich für das Vibrieren des Telefons in der Hosentasche; im extremen Fall fühlt er Phantomschmerzen – Schmerzen also, die der Körper ganz real und unangenehm zu spüren bekommt, obwohl keine Schmerzursache vorliegt.

Den Rechnern wird das Verständnis des Menschen immer besser gelingen, er wird ein besseres Gefühl für uns erhalten, unter anderem durch das massenhafte Beobachten und Vergleichen der Vorgänge. Eine gewisse Fehlerquote wird jedoch wie beim Menschen und in der Natur allgemein bleiben.

Big Data im Nervensystem

Egal, ob wir uns auf großen oder kleinen Plattformen bewegen und welche Funktionen die einzelnen Gefäße oder Organe ausüben – irgendwo laufen die Fäden zusammen. Wie in einem Nervensystem. Auch im menschlichen Körper haben wir Herz, Lunge, Nieren, Magen usw., während das Nervensystem über allem steht und die Gesamtbewegung koordiniert und kontrolliert.

Wenn wir also beobachten, wie die gesamte Menschheit oder Teile davon durch das Internet immer enger zusammenwachsen, dann ist es nichts als logisch, dass es dahinter ein komplettes Nervensystem braucht. Die Frage ist nur, wer diese Funktion übernimmt und nach welchen Kriterien gesteuert und kontrolliert wird.

Ebenso ist ein zentrales Hirn von Vorteil, das Eindrücke und Erfahrungen speichert. Werden deshalb fast restlos alle Informationen über uns abgelegt, archiviert, kontrolliert und ausgewertet? Nicht zwingend. So ist es zum Beispiel bei uns Menschen so, dass wir nicht ununterbrochen jedes Signal wahrnehmen und speichern. Unser Hirn wäre durch die Masse an Informationen überfordert. Erst wenn es irgendwo wichtig oder kritisch wird, bemerken wir die Signale: Schmerzen zum Beispiel oder Hindernisse. Wir spüren, dass wir beim Schreiben Tasten tippen oder dass der Tee zum Trinken noch zu heiß ist. Und die prägenden Ereignisse können wir uns über längere Zeit merken. Darüber hinaus nimmt das

Unterbewusstsein viele Informationen auf, die wir zu gegebener Zeit nutzen oder verwerten können, aber das sind längst nicht alle Informationen, die insgesamt jeden Tag auf uns einprasseln.

Ähnliches geschieht im Internet: Wer immer alle Stränge überwacht, erhält zu viele Informationen. Wahrgenommen wird die einzelne Aktion erst, wenn sie wichtig oder gefährlich wird. Darauf beruht auch die Passivität vieler Menschen, die sagen, solange ich nichts Böses tue, habe ich nichts zu verbergen. Aber wer bestimmt, was böse ist? Und wer sagt, dass morgen noch gut sein wird, was heute als richtig empfunden wird? Welche Information sozusagen plötzlich wieder aus dem Unterbewusstsein auftaucht? Und woher wissen wir, dass nicht doch alles registriert werden wird? Die Werte und Kriterien, die über die Informationskontrolle bestimmen, entwickeln sich erst gerade.

Außerdem wird es mit steigender Speicherkapazität möglich sein, immer mehr zu erfassen. Die Wissenschaft versucht zum Beispiel Speicher herzustellen, die nicht größer sind als ein Molekül. Bei den unzähligen Molekülen in unserer Umgebung gibt das unglaublich viel Speicherkapazität. Vielleicht wird ja eines Tages der Mond aus Mangel an anderen Nutzungen einfach als riesiger Speicher für all unsere Daten genutzt und dazu aus der Ferne neu fragmentiert. Das ist natürlich nicht sehr realistisch, aber zu Shakespeares Zeiten hielt man wohl die Mondlandung für noch weniger plausibel.

Die sieben Sinne des Internets

Ein Nervensystem übermittelt nicht nur Signale und speichert Erinnerungen, es ist auch für die Sinneseindrücke zuständig. Unser Körper verfügt über sehr viele Zellen, die Informationen einfangen: Licht, Geräusche, Gerüche, Oberflächenbeschaffenheit, Temperaturen und mehr. Auch das Internet, das zuerst einmal aus immer mehr Datensträngen zum Informationsaustausch bestand, begann bald einmal, Sinneseindrücke zu sammeln. Zuerst vor allem Bilder, auch Töne. Es kommen immer mehr hinzu – in Menge, Art und Qualität. So gibt es immer mehr Kameras in der ganzen Welt, die direkt oder indirekt mit dem Internet verknüpft sind. Diese werden immer kleiner und mobiler, bis hin zum mückenkleinen Flugroboter, der sich in alle Zimmer schleichen kann und Bild und Ton einfängt. Theoretisch kann die Technik viel mehr Sinneseindrücke registrieren als wir Menschen: die genaue Temperatur, den Luftdruck, Abgaswerte, Spurenelemente, Radioaktivität, Infrarot oder elektrische Spannungen, wie es einige Fische können. Wird unser Superorganismus ein supersensibles Wesen? Wie viele Sinne wird er haben?

Ich weiß nicht, wie sehr Geschmack und Gerüche ein Thema der digitalen Technik sind oder sein werden. Vielleicht werden diese beiden Punkte Mensch und Maschine unterscheiden. Menschen brauchen die Geruchs- und Geschmackseindrücke zur Nahrungsaufnahme, während Rechenzentren ihre Energie nicht durch Fleisch- und Gemüsekonsum erhalten. Sie müssen – bis jetzt jedenfalls – auch keine Pheromone erschnüffeln, um einen geeigneten Partner zu finden. Und wie steht es um das Gehör? Das ist bei der Maschine zweifellos stark – aber ob das zu einem Musikgehör führt? Jedes Lebewesen hat eigene Bedürfnisse, entsprechend unterscheiden sich alle Tiere und Pflanzen durch verschiedene Stärken und mehr oder weniger Sinnesorgane. Die Maschine wird die von ihr benötigten Sinne nach den jeweiligen Anforderungen heraus- oder zurückbilden, ganz nach den Gesetzen der Evolution.

Ein Bereich, in dem die Technik dem Menschen sicher überlegen ist, ist die genaue Verfolgung aller Bewegungen. Der Mensch verfügt je nach Training zwar über erstaunliche Körperbeherrschung, aber er schickt nicht bewusst jedes einzelne Blutkörperchen auf seinen Weg und die Nahrung übergibt er dem vegetativen Nervensystem, dem Verdauungstrakt mit seinen Drüsen und Säuren sowie den Bakterien im Darm. Die Technik wird alle Bewegungen genauer kontrollieren können, falls sie es für nötig befindet. Schon heute prägen Strichcodes und integrierte Mikrochips große Teile unserer Logistik, unseres Warenflusses, und erlauben es, die unzähligen Bewegungen genaustens zu erfassen. In Zukunft wird dies noch viel konsequenter der Fall sein. Ein Chip oder ein winzig kleines Erkennungsmodul in oder unter der Oberfläche eines jeden Gegenstandes machen die Ortung und Bewegung einfach. Die Technik dazu ist schon bereit, ist günstig und wird vielerorts eingesetzt. Mehr und mehr werden auch Haus- und Nutztiere so erfasst, also unsere Hunde und Katzen aus Sicherheitsgründen ebenso wie die Rinder und Schafe für mehr Effizienz in der Landwirtschaft. Wie lange dauert es noch, bis Mikrochips im Menschen Identitätskarte, Pass, Fahrausweis, Flugticket, Sozialversicherungskarte, Krankenakte oder Arbeitszeiterfassung ablösen?

Selbstverständlich wird sich der Mensch lange dagegen wehren, selbst erfasst zu werden. Doch schleichend kommt die Technik. Zuerst in der Uhr oder im Portemonnaie, auf der Kreditkarte oder im Telefon, irgendwann unter der Haut. Das ist keine gesicherte Tatsache und es kann noch lange dauern, bis es allenfalls soweit wäre. Sicherheitsbedenken, Bequemlichkeit oder äußerer Druck können Schritt für Schritt zur lückenlosen Erfassung unserer Bewegungen führen. Vielleicht beginnt der Chipeinsatz unter der Haut in der Armee oder in weltweit tätigen Konzernen, in Sicherheitsdiensten oder in anderen Teilbereichen unseres Lebens. Einmal drin, wird die Nutzung des Chips ausgeweitet. So werden die im Entstehen begriffenen Superorganismen die Übersicht über die Bewegung der einzelnen Zellen erhalten. (Es kann durchaus sein, dass es beim externen Chip auf einer Karte oder in einem Gerät bleibt. Sobald wir diesen Chip zu Hause lassen, lösen wir einen Alarm aus.)

Aber bleiben wir vorerst bei den Sinnen: Obwohl zurzeit immer mehr und immer detailliertere Daten erfasst werden, geht es grundsätzlich nicht um maximale, sondern um sinnvolle Kontrolle, damit sich der noch lose Körper einigermaßen einheitlich und zielgerichtet bewegen kann, damit er auf äußere Gefahren oder Hindernisse reagiert und damit er neue bzw. gesetzte Ziele erreicht. Entstehen aus all den Sinneseindrücken auch Gefühle?

Der Kampf um die besten Plätze

Das Gerangel hat begonnen. Wer möchte nicht gern Hirn sein, im Kontrollzentrum sitzen, wissen, was vorgeht?

Es ist noch nicht gesagt, ob der neue Superorganismus beziehungsweise die neuen Superorganismen zentral gesteuert und befehligt werden. Nicht mal im Mensch ist das Hirn alleinherrschend. Das Herz funktioniert weitgehend autonom vom Hirn und ist ebenso lebenswichtig. Auch Lunge, Magen, Darm und Haut sind lebenswichtig und funktionieren nicht unter unmittelbarer Anweisung unseres Bewusstseins.

Der Superorganismus, der mittels Digitalisierung aus uns entsteht, muss also nicht wie eine furchterregende Diktatur einer einzigen Zentrale über allen Zellen stehen – selbst wenn er ähnlich aufgebaut sein sollte wie der Mensch mit einem zentralen Hirn. Aber noch nicht mal das ist gesagt, denn die Evolution hat schon ganz unterschiedliche Organismen hervorgebracht: Der Regenwurm ist selbst nach einer Teilung lebensfähig. Der Krake hat in seinen Armen relativ autonome Gehirne.

Mag sein, dass es abwegig erscheint, den Superorganismus, der mit menschlicher Hilfe entsteht, mit »primitiven« Würmern zu vergleichen. Aber gegenüber den Einzellern ist ein Wurm komplex, und der erste Superorganismus wird wohl auf seiner Stufe erst eine primitive Lebensform sein, bevor sich daraus weitere komplexe Organismen entwickeln werden. Dabei stellt sich dann die Frage, wie schnell aus den »einfachen« Gebilden komplexe heranwachsen. Und werden diese eine zentrale oder dezentrale Organisation befürworten?

Es wurde schon argumentiert, dass eine dezentrale Organisation die gesamte Struktur beweglich macht, Riesenorganismen seien behäbiger. Zum Teil leuchtet das ein, Wale und Dinosaurier sind und waren vielleicht weniger wendig und anpassungsfähig als Kleintiere. Andererseits sind mächtige, zentral gesteuerte Lebewesen zielstrebiger als Zellhaufen, bei denen es keine koordinierte Bewegung gibt. Eine Qualle lässt sich einfach treiben, ein Wal schwimmt zielgerichtet. Wohin soll sich unser Superorganismus bewegen, wenn alle dezentral entscheiden? In Konkurrenz zu ihm könnten sich zentral gesteuerte Organismen in der Evolution durchsetzen. Aber das ist alles Spekulation für eine ganz ferne Zukunft.

Egal, ob zentral oder dezentral gesteuert, mit klaren oder weniger deutlich ausgebildeten Organen: In jedem Organismus übernehmen Zellen Funktionen. Wer macht was? Die etwas einfachen Bildvergleiche zwischen einem Lebewesen und dem Internet waren schon bisher gewagt und nicht sehr präzise, sie sollen helfen sich vorzustellen, was ungefähr vor sich geht. Wenn ich hier zur Veranschaulichung von Organen schreibe, dann wird es noch gefährlicher. Eben weil wir gerade Herz und Hirn positiv einordnen, Galle und Darm aber weniger. Ich bin jedoch nicht der Erste: Auch mit dem Begriff Virus hat man für die Computerwelt eine Analogie aus der Biologie genommen. Doch sollen Menschen wie Viren »behandelt« werden können? Es wird neue Begriffe und Definitionen brauchen.

Im neuen Organismus sind die benötigten Funktionen und Organe noch gar nicht klar. Es besteht also kein Grund, schon jetzt positive oder negative Vorurteile aufzubauen. Dennoch schreibe ich bewusst vom Gerangel ums Hirn, denn der Mensch ist von Natur aus wissbegierig und zu Teilen auch machtgierig, er strebt in die Kontrollzentrale. Es braucht aber alle Funktionen. Bei Mensch und Tier können das Botenstoffe sein oder Zellwände, die das Blut – die benötigte Energie – in die richtigen Bahnen leiten, weiße Blutkörperchen, die Viren jagen, Knochen, die uns stützen, oder Enzyme, die der Verdauung helfen. Das Internet – die Maschine – verlangt nach ganz eigenen Bestandteilen. Welche das sind und inwiefern der Mensch überhaupt daran beteiligt ist oder nicht durch reine Technik ersetzt wird, entscheidet sich zurzeit.

Es ist ein Kampf im Gange, eine zum Teil offene Diskussion, ein zum Teil versteckter Cyberkrieg: Wer hat Zugriff auf welche Informationen? Wie sind die einzelnen Zellen aufgebaut? Wie funktionieren Transaktionen und Steuerungsmechanismen? Wer setzt sich in welchem Bereich durch? Oder, um trotz allem wieder mit biologischen Begriffen fortzufahren: Wie viel können die Nerven erfassen? Wie anfällig ist das Immunsystem? Wie stressresistent sind die Emotionen? Woraus bestehen die Blutbahnen? Es wird längere Zeit dauern, bis sich zumindest so etwas wie ein stabileres System herauskristallisiert. Im Moment steht zu vieles erst gerade am Anfang, zu vieles ist noch schwammig. Für Interessierte besteht dafür jetzt noch die Möglichkeit mitzubestimmen, wie was eingerichtet wird, oder wenigstens die Prozesse kritisch zu begleiten (und die neuen Dienste kritisch zu nutzen). Wie zentral wird entschieden? Wie transparent ist das System?

Im Verlauf der Evolution sind Funktionen bzw. Organe über die Generationen nach innen »gewandert«. Blutbahnen, Nervenbahnen entstanden, ebenso das Verdauungssystem. Angefangen bei Quallen, Polypen und Schwämmen, die noch ganz anders funktionieren als höher entwickelte Lebewesen. Mit der Zeit wurde einverleibt, was lebenswichtig war. Diese Prozesse spielen sich im virtuellen Raum ebenfalls ab, wenngleich in anderen Ausprägungen. Der Vergleich hinkt deshalb: Menschen sind nicht so eng in den Superorganismus eingebunden, wie die einzelnen Zellen im menschlichen Körper. Und die meisten Bestandteile der Superorganismen sind nicht Menschen, sondern so technisch wie das gesamte Gebilde: Datenleitungen, Datenspeicher, Rechenzentren, Energiequellen und -leitungen, Sensoren, Einlesegeräte und vieles mehr. Doch seien wir uns nicht allzu sicher: Wie stark betrifft es »nur« die Technik? Wie weit sind wir selbst fester Bestandteil des Systems? Was, wenn der Superorganismus nicht nur virtuell ist, sondern uns immer mehr im echten Leben steuert? Und über uns entscheidet?

Bisher ist es selten bis nie gelungen, die freiheitsliebenden Menschen so straff zu organisieren wie etwa einen Ameisen-, Termiten- oder Bienenstaat. Nur vorübergehend durch brutale Unterdrückung. Es gibt jedoch verschiedene Möglichkeiten, die Ordnung in der menschlichen Gemeinschaft zu erhöhen: Indem das Internet die Welt zum Dorf, das heißt transparenter macht, entsteht zum Beispiel höherer sozialer Druck. Einzelne Personen werden durch Mobbing gefügig gemacht, was durch die umfassende Kontrolle einfacher geht. Eine andere Möglichkeit ist der Ausschluss nicht genehmer Zellen. Das ist auf den ersten Blick nicht tragisch, viele werden lieber freiwillig draußen bleiben, den Stecker ihres Computers ziehen, bevor sie sich einer nicht genehmen Umgebung unterordnen. Andere wiederum bemerken die Unterordnung kaum oder empfinden sie nicht als solche. Wer nicht mitmacht, den hängt aber der Superorganismus auf die Dauer in der Evolution ab. Die Außenstehenden bleiben zurück wie die Einzeller, die sich nicht zu Mehrzellern entwickelten. Auch das muss nicht zwingend negativ sein. Je nach Entwicklung bleiben wir freie Wesen, die auf tieferer Stufe der Evolution ein erfülltes Leben führen. Und falls wir uns dann doch diesem neuen Organismus unterordnen, muss diese Unterordnung auch nicht total sein. Vielleicht können wir ja, um beim Bild zu bleiben, von einem Organ zum andern wechseln, wenn es uns an einem Ort oder in einer Funktion nicht mehr gefällt? Genau wie wir heute im Berufsleben die Arbeitsstelle wechseln. Oder wir haben Funktionen im neuen Körper, die uns nicht viel mehr oder weniger Freiheiten lassen, als wir sie schon haben – vergessen wir nicht, dass wir auch heute vielen Zwängen des Lebens unterworfen sind. Die meisten müssen einer geregelten Arbeit nachgehen, um zu überleben und die Familie zu ernähren, um sich ein Dach über dem Kopf zu leisten und genügend Essen zu haben. Sie müssen im Alltag Kompromisse eingehen und sich dem Arbeit- oder Auftraggeber, den Kunden und zuweilen dem Staat unterordnen, um ein einigermaßen anständiges Leben führen zu können. Diese Unterordnung kann in einer immer dichter vernetzten, mit immer mehr Sensoren und

Datenerfassung ausgestatteten Gemeinschaft um ein Mehrfaches zunehmen.

Werden wir noch frei entscheiden können, welche Funktionen uns in unserer Gesellschaft zufallen werden? Historisch gesehen gab es schon strikt organisierte Systeme – und es gibt sie zum Teil bis heute. Sie boten leider wenig Chancen auf einen Wechsel: Etwa das Kastensystem in Indien, in gewissem Maße auch das Klassenbewusstsein in England, Clan- oder Sippenzugehörigkeit an anderen Orten. In der Theorie gibt es eine weitere Variante: Bei den alten Griechen hat Platon über ein System sinniert, das jeden Menschen gemäß seinen Vorzügen für eine bestimmte Aufgabe vorsieht, unabhängig von seinem freien Willen. Wird sich die Zukunft an diesen Vorstellungen orientieren?

Die Technik bietet neue Möglichkeiten der Kontrolle, im Extremfall bedeutet das eine Aufgabe der Freiheit. Das hängt davon ab, ob sich in der Evolution herausstellt, dass der Superorganismus effizienter sein wird als ein Individuum oder eine locker organisierte Gemeinschaft. Als die Sowjetunion zusammenbrach, dachten alle, freiheitliche Gesellschaften wie im Westen haben sich gegenüber autoritären durchgesetzt. Mit dem Aufstieg Chinas entstehen wieder Zweifel an dieser Meinung. Durch die Digitalisierung werden die Zweifel verstärkt.

Vermutlich ist der Mensch mit seinem Freiheitsdrang aber auf Dauer gar nicht zu konsequenter Unterordnung fähig. Andererseits gibt es gewisse Bereiche, in denen uns die Unterordnung wohltuend erscheinen mag. Was wäre, wenn etwa die menschlichen Regierungen mit all ihren Fehlern durch ein komplett transparentes, niemals korruptes System ersetzt werden? Wir könnten ein Gefühl der Gerechtigkeit erfahren, wie es bisher noch nicht der Fall war. Zwar bliebe die Frage nach der demokratischen Einflussnahme, jedoch könnten zum Beispiel politische Entscheide immer noch durch Menschen, deren Umsetzung sowie viele Verwaltungsaufgaben hingegen durch Maschinen ausgeführt werden. Das wäre ein erster Schritt für mehr Macht der Maschinen über die Menschen, die zuerst noch nicht nach Freiheitsverlust aussieht und vielleicht auch keiner sein wird. Wie weit diese Tendenz zunimmt, wird sich herausstellen. Auf jeden Fall wird die Evolution auf die eine oder andere Art einen Superorganismus hervorbringen. Und wir helfen ihr gerade beim Versuch dazu.

Kommt die Freiheit automatisch?

Neue Freiheiten kommen, alte gehen. Irgendwann verabschiedete sich der moderne Mensch nach und nach von der Selbstversorgung und begann sich zu spezialisieren. Der Bäcker hatte mehr Freiheit, sich auf das Brotbacken zu konzentrieren. Er musste aber dem Bauer vertrauen, dass das Korn kommt. Dazwischen brauchte es noch den Müller, um das Korn zu Mehl zu verarbeiten. Die Spezialisierung ermöglichte einen Qualitätssprung und schaffte neue Freiheiten: Wenn sich der Bäcker nur mit seinem Beruf beschäftigt, wird er viel besser darin. Er kann sich außerdem hauptsächlich mit dem beschäftigen, was er liebt, unbeliebtere Tätigkeiten lagert er aus. Allerdings musste dazu erst ein System entstehen, wie die verschiedenen Leistungen austariert wurden, wie das gegenseitige Vertrauen hergestellt werden kann. Ist das Brot auch wirklich gut? Nicht vergiftet? Wie viel kostet das Mehl und wie viel das Brot? Wie viel Wert hat die darin steckende Arbeit? Ein Markt mit immer mehr raffinierten Mechanismen formte sich, daraus erwuchsen vereinfacht gesagt der Kapitalismus und als Gegenreaktion zwischenzeitlich der Kommunismus. Noch bis heute gibt es kein Gleichgewicht, das alle akzeptieren, es wird weiter korrigiert und diskutiert. Nur rückgängig machen lässt sich das System der Spezialisierung nicht.

Auch die Industrialisierung brachte Freiheiten und nahm welche. Die Produktivität stieg, Artikel konnten günstiger hergestellt und erworben werden. Die Menschen konnten sich neue Produkte leisten. Viele Jobs wurden geschaffen, aber auch viele Billigjobs, viel langweilige Fließbandarbeit, Abhängigkeit von Großunternehmen. Es brauchte einiges, bis die Gesellschaft auf diese Entwicklung Antworten fand. In den Ländern, in denen das gelang, haben die Menschen mehr Freizeit, mehr Freizeitvergnügen. Diese Freiheiten gibt es noch nicht überall. Wir profitieren hier unter anderem davon, dass anderswo günstige Arbeitskräfte lange arbeiten. Das Austarieren der Kräfte, der Marktmechanismen und der allgemein-gesellschaftlichen, sprich staatlichen Eingriffe geht also weiter.

Ich habe hier nur wenige Aspekte eines komplexen Prozesses erwähnt. Jetzt kommt die Digitalisierung hinzu, mit ihr die Automatisierung. Welche neuen Freiheiten erhalten wir? Welche geben wir auf? Wie viel Vertrauen braucht es? Zuallererst werden ganz automatisch Freiheiten verschwinden. Und es braucht viel Vertrauen in die Maschinen.

Es sieht zum Beispiel schon jetzt danach aus, als sollte das Bargeld abgeschafft werden. Damit wird unsere Unabhängigkeit beschnitten. Wir können nicht einfach Geld abheben und dann damit tun, was wir wollen, sondern sind bei jeder Transaktion auf das elektronische System angewiesen. Das ist eine Art, wie der ganze Organismus dichter wird, zusammenwächst, zu einem einzigen, kontrollierten System wird. Wie der Blutkreislauf, der im Innern eines Körpers stattfindet – und dort nur genau innerhalb bestimmter Bahnen und für bestimmte Zwecke. Es ist gut möglich, dass sich die breite Bevölkerung gegen die Abschaffung des Bargeldes wehrt, zumindest dort, wo sie die Freiheit dazu hat. In diesem Fall werden aber wahrscheinlich irgendwann alle Banknoten mit Mikrochips zur Erkennung versehen – im Namen der Fälschungssicherheit. Dann wird jede Transaktion erfasst und nachverfolgt werden können. Von da ist es auch nicht mehr weit bis zur Abschaffung des Bargeldes, der Unterschied für die Bevölkerung wird nur noch gering sein.

Der Prozess begann eigentlich schon mit der Einführung der bargeldlosen Bezahlung. Die Menschen mussten erst Vertrauen fassen, dass Zahlungen mit einer Karte genauso gut funktionieren wie mit Bargeld und dass das System dahinter sicher ist – dass wir die Kontrolle über unser Geld behalten. Langsam hielt der elektronische Zahlungsverkehr an immer mehr Orten Einzug; zum Teil verzichten wir freiwillig auf Bargeld, andernorts bezahlen wir mit Bargeld höhere Tarife und mehr und mehr haben wir gar nicht die Wahl und müssen die Karte zücken. Der Besuch des Bankschalters wird ebenfalls immer öfter durch E-Banking ersetzt, ob wir es wollen oder nicht; zuerst vielleicht mit finanziellen Anreizen, später radikal. Der Trend wird weitergehen, selbst das sogenannte Plastikgeld wird verschwinden, Zahlungen werden komplett digitalisiert werden.

Dasselbe gilt für Tarif- und Lenkungssysteme, die ja auch mit Zahlungen zu tun haben, für das ganze Transportwesen wie die öffentlichen Verkehrsmittel. Der Straßenverkehr wird immer mehr auf digitalisierte Hilfen zugreifen, zur Stauvermeidung oder Gebührenerhebung. Alles wird effizienter, aber auch lückenlos überwacht. Das kann noch eine Weile dauern, lässt sich aber nicht aufhalten.

Ob wir Freiheit aufgeben müssen, wird auch bei der Netzneutralität diskutiert: Werden alle Daten gleich behandelt oder entscheidet eines Tages ein System darüber, welche Daten in den Leitungen Priorität haben und schneller weitergeleitet werden? Ich vermute, die Effizienz entscheidet. Und das bedeutet meistens, dass nicht alle Daten gleich behandelt werden. Mit viel politischem Willen kann die Netzneutralität aufrecht erhalten bleiben, aber die Frage ist: Wie lange? Und so wird es möglicherweise kommen, dass wir zwar immer abhängiger von digitalen Anschlüssen werden, aber weniger Freiheit im Zugriff auf ebendiese digitalen Leistungen haben werden. Für das System wichtige Leistungen werden bevorzugt werden.

Wie sieht es mit der Privatsphäre aus, die auch eine wesentliche Freiheit darstellt? Mir schwant Böses: Je kleiner die Kameras und Mikrofone werden – mückenartige Helikopter habe ich bereits erwähnt –, desto eher können wir jede Privatsphäre vergessen. Direkt gesagt: Wir müssen uns damit abfinden, das Privatsphäre entweder ganz verschwindet oder teuer erkauft werden muss. Man wird sich Privatheit leisten müssen. So haben immer mehr Geräte wie Computer und Fernsehbildschirme Kamera und Mikrofon schon eingebaut. Immerhin können wir entscheiden, ob wir diese Computer und Fernseher in unsere Zimmer lassen und ob wir sie anschalten. Aber Achtung: Die Technik schreitet voran und meist sind wir gezwungen mitzuziehen, wenn wir sie auch nur im Ansatz nutzen möchten.

Fernseher waren zum Beispiel lange analog, diese Signale wurden mit der Zeit abgeschaltet. Falls dies irgendwo noch nicht der Fall war, wird das noch geschehen.

Also müssen alle, die Fernsehen wollen, früher oder später ein digitales Gerät anschaffen. Die Fortschritte gehen weiter: High Definition, Ultra High Definition und was auch immer alles noch kommen wird. Immer werden irgendwann die alten Angebote abgestellt und für die neuen braucht es zeitgemäße Geräte. Diese haben aber den Internetanschluss und die Kamera schon integriert. Um überhaupt funktionstüchtig zu sein, brauchen sie vielleicht in Zukunft konstante Internetanbindung und Datenfreigabe – mit anderen Worten: Kamera und Mikrofon sind ständig aktiv und übermitteln Daten. Die Kamera kann man relativ einfach überdecken, das Mikrofon schon etwas weniger und wie zukünftige Technologien aussehen, wissen wir noch gar nicht. Kann sein, dass der ganze Bildschirm mal eine Kamera sein wird. Sehen und gesehen werden. Es mag noch einfach sein, gänzlich auf Fernseher zu verzichten, bei anderen Geräten wird das schon schwieriger. Wer möchte schon ganz ohne Computer leben und den Anschluss verlieren? Wer möchte schon sein ganzes Leben hinter verschlossenen Fenstern leben, um ja nirgends digital erfasst zu werden? Wer garantiert, dass wir dann nicht genau durch solches Verhalten verdächtig werden und die kleinen hochauflösenden Spionagemücken anziehen, sobald wir ein Fenster öffnen, um frische Luft hereinzulassen?

Auch bei Computern, Telefonen und kommenden neuen Geräten werden wir mehr oder weniger gezwungen, auf dem neusten Stand zu bleiben, wenn wir sie sinnvoll nutzen wollen. So gibt es zum Beispiel ständig Software-Updates, schon allein aus Sicherheitsgründen. Diese Updates funktionieren aber nur bei einigermaßen aktuellen Betriebssystemen, die wiederum nur auf den neueren Geräte-Generationen laufen. Wer diesen Erneuerungszyklus nicht mitmacht, verzichtet auf Sicherheit und wird virenanfällig. Damit sind wir wieder in der Biologie, auch hier fallen die schwächsten Mitglieder einer Gruppe den aggressiven Viren zum Opfer oder die langsamsten Gazellen den Löwen. Bleibt nur die Wahl: Mitziehen oder ganz auf die Internet-Anbindung und auf deren Nutzen verzichten. So treibt die Evolution die einzelnen Lebewesen vor sich her und lässt die Schwachen oder Unangepassten zurück. Generell kann man sagen: Alles muss kompatibel sein. Das gilt für alles, was ans Internet angeschlossen ist, und bald wird es kaum ein Gerät oder Ding mehr geben, das nicht angeschlossen wäre.

Die Reihe kann man fortsetzen. Google hat zum Beispiel eine Brille mit integrierter Kamera entwickelt, die unsere Privatsphäre aufheben kann. Die Brille hat sich im ersten Anlauf nicht durchgesetzt, weil sich einige Menschen gegen den Eingriff in die Privatsphäre wehrten und weil andere gehemmt waren, so ein zweifelhaftes Hilfsmittel zu nutzen. Die Technologie wird trotzdem kommen. Wenn etwa Kontaktlinsen mit denselben Fähigkeiten auf den Markt kommen, sind diese weniger auffällig und werden vermutlich hemmungslos eingesetzt werden. Eine weitere Möglichkeit ist, dass sich die Google-Brille mit der Zeit in Unternehmen durchsetzt. Wenn sie zum Beispiel die Logistik effizienter macht, weil die Mitarbeitenden alle wichtigen Informationen direkt im Blick haben. Oder wenn Sicherheitsangestellte, Luftraumüberwacher, Polizisten und weitere Berufe damit ausgestattet werden, damit sie mit zusätzlichen

Informationen einen wesentlichen Vorteil in ihrer Arbeit erhalten. Einmal etabliert, kann die Technik dann in immer weitere Bereiche eindringen. Auch in private.

Die Automatisierung kann noch ganz andere Bereiche betreffen, ungewollte. Nehmen wir die Partnersuche im Internet. Heute kann man einfach etwas vorflunkern, wie das auch vor dem Internet immer der Fall war und durch das Internet zuerst sogar noch verstärkt wurde. Das kann sich ändern: Es existieren heute schon Ansätze, Mitmenschen zu beurteilen, ähnlich wie wir Hotels, Musik und viele andere Dinge im Internet bewerten. Die Automatisierung ist imstande, weiterzugehen, wenn sich etwa unser reelles Verhalten direkt auf unser Online-Profil auswirkt. Viele Daten, die über uns erfasst werden, könnten mit dem Partnerprofil verknüpft werden. Flunkern würde zwecklos. Das mag die Eine oder der Andere belächeln, wenn dasselbe bei der Stellenbewerbung geschieht, wird es schon ernster. Schon heute schauen Arbeitsgeber im Internet nach, ob sich die Bewerberin oder der Bewerber nicht bloßgestellt hat und durch einen unseriösen Lebenswandel auffällt. (Wer sich ganz aus dem Netz fernhält, ist unter Umständen bei der Stellensuche ebenso verdächtig.)

Eine weitere Abhängigkeit entsteht zum Beispiel durch sogenannte Cloud-Lösungen. Dabei werden Informationen, die wir bisher lokal auf unseren Geräten hatten, ins Netz ausgelagert, irgendwohin. Das hat zum Beispiel den Vorteil, dass die Information überlebt, auch wenn unser Gerät tot ist. Oder dass wir von all unseren verschiedenen Geräten aus Zugriff auf die jeweils gleichen und aktuellen Informationen haben. Aber wir werden eben auch abhängig von der konstanten Verbindung zum Internet und wir exponieren unsere Informationen für andere, selbst wenn sie gut geschützt sind. Um es wieder mit der Biologie zu vergleichen: Die Daten sind nicht in unserer Hand, sondern im Hirn gespeichert, werden die Nerven zwischen Hand und Hirn getrennt, wird die Hand gelähmt. Die Cloud ist ein Beispiel, wie ein entstehender Mehrzeller wichtige Funktionen ins Körperinnere verlagert.

Oft sind die Nutzerinnen und Nutzer des Internets freiwillig bei der Digitalisierung und Machtabgabe dabei, wenn sie zum Beispiel Ihr Telefon unbekannten Akteuren »freigeben«. Etwa dann, wenn es hilft, Angebote schneller und günstiger zu bekommen. Denn nicht alles ist nur negativ. Wir gewinnen auch, und wir tun das schon jetzt; darum kommt die Digitalisierung überhaupt erst in Gang. Ohne all die Konsumentinnen und Konsumenten, die Nutzerinnen und Nutzer würde alles stillstehen.

Wenn wir durch die Digitalisierung also viel Kontrolle abgeben, so erhalten wir andererseits viel Autonomie zurück. Viele Dinge können wir online direkt einsehen – oder selbst erledigen. E-Banking ist ein Beispiel: Wir können unsere Angelegenheiten zwar nicht mehr einfach dem Schalterpersonal überlassen, dafür können wir alles rund um die Uhr erledigen und haben jederzeit detaillierte Einsicht über alle Kontobewegungen. Bei Reisen können wir selbst überprüfen, welches der günstigste Flug ist und ob das Hotel wirklich direkten Blick aufs Meer bietet. Durch Preisvergleiche sparen wir Geld, die Angebote sind transparenter; durch andere Dienste sparen wir Zeit, und der Wissensgewinn ist schier unendlich: Nachschlagewerke, Fahrpläne, Hotelbewertungen,

Buchrezensionen, medizinische Ratschläge, Kochrezepte, Bastelanleitungen, geografische Karten, Wettervorhersagen sind nur einige wenige Beispiele.

Wir erhalten durch die digitale Vernetzung zudem neue Chancen, unsere Träume oder Ideen zu verwirklichen. Mit relativ wenig Aufwand erschließen wir uns viele potenzielle Geldgeber rund um den Globus ebenso wie neue Absatzkanäle weit über den eigenen Wohnort hinaus. Mit einer begeisternden Idee, mit Geschäftstüchtigkeit und Charme gewinnt eine einzige Person ein Millionenpublikum. Sei es, um ein Produkt zu verkaufen, sei es, um Kunst zu verbreiten. Es gab und gibt auch viele Beispiele von rührender Solidarität: todkranke Kinder, denen dank viraler Aufmerksamkeit im Internet ein letzter Wunsch erfüllt wurde; gegenseitige Unterstützung innerhalb von Minderheiten; Begegnungen zwischen längst verloren geglaubten Geschwistern oder Freunden. Auch hier ließe sich die Aufzählung tagelang fortsetzen.

Die Digitalisierung steigert ebenfalls die Erreichbarkeit, nicht nur im negativen Sinn, wenn der Vorgesetzte seine Untergebenen im Urlaub erreichen will oder wenn er selbst noch am Strand weiterarbeitet: Man bleibt seinen Liebsten über große Distanzen nahe und pflegt mit mehr Menschen als zuvor einen regelmäßigen Kontakt. Das fördert den Zusammenhalt. Schließlich ist auch der Bequemlichkeit gedient, wenn vieles automatisiert wird. Der Rasenmäh- oder Staubsaugroboter schafft uns Zeit für andere Beschäftigungen. Die Beispiele sind nur ein Vorgeschmack auf alles, was noch kommen mag oder schon genutzt wird. Vieles wird sich erst langsam und umständlich etablieren müssen. Wir brauchen zuerst das Vertrauen in die neuen Dienste, wie bei der Einführung der elektronischen Zahlungsmittel. Anderes wird sehr schnell aufgenommen (und manchmal ebenso schnell wieder verworfen).

Zusätzlichen Schub erhält die Digitalisierung heute durch die Faszination bei der jungen Generation. Für sie besteht eine Art Sogwirkung: Hier läuft das Leben für sie. Während man früher auf keinen Fall ein Fest oder ein Konzert verpassen wollte, gilt es heute online präsent zu sein und bei den neusten digitalen Plattformen und Diensten mitzumachen. (Das kann sich mit der nächsten Generation ändern.) Die weltweite Vernetzung bietet weitere Angebote, zum Beispiel den einfachen Zugang zu privaten Unterkünften rund um die Welt. Das ist einerseits für junge Leute preislich attraktiver als herkömmlicher Tourismus, andererseits verspricht das interessante Kontakte, der die besondere Lebensgier in diesem Alter anspricht. Zur Faszination kommt der Druck: Wenn man in der Gruppe dabeisein will und ein hohes Ansehen erhalten will, muss man online dazugehören.

Wir haben also gar nicht die Wahl, ob wir die Digitalisierung wollen oder nicht. Sie kommt und dringt in immer mehr Lebensbereiche vor. Sie wird immer engmaschiger und wir werden immer abhängiger. Wie der Bäcker vom Müller und vom Bauern. Oder noch stärker?

Das liberale Dilemma

In einer freien Gesellschaft gilt, dass sich der Staat so wenig wie nötig einmischt. Die Menschen schauen selbst, was für sie gut ist. Nach diesem Prinzip müssten wir also die Digitalisierung dem Markt überlassen. Auf lange Sicht heißt das aber, dass wir unsere Entscheidungsmacht abgeben, die Effizienz des Marktes entscheidet. Diese geht in Richtung Automatisierung, womit wir Freiheit abgeben. Übertrieben formuliert: Stellen wir die eigene Freiheit der Entscheidung in den Vordergrund, geben wir genau diese Entscheidungsfreiheit der Maschine ab.

Die meisten Effizienzgewinne haben sich im Internet bisher erst ab einer gewissen Masse ergeben. Es gibt zwar viele kleine, innovative Unternehmen, diese sind aber oft erst rentabel, wenn sie viel Publikum zusammenbringen. Im Moment erleben wir eine unglaubliche Marktmacht einzelner Großkonzerne wie Google, Apple und Facebook. Sie verdrängen mit ihren neuen Geschäftsmodellen kleine Unternehmen oder sie drängen den kleinen ihre Geschäftsmodelle auf; die Technologie dahinter kommt von den Großen. Oft werden die kleinen Start-up-Unternehmen mit ihren neuen Ideen einfach von den Großen aufgekauft. Alleine haben sie nicht immer genügend Mittel, um auf Dauer außerhalb einer Nische zu bestehen. Und die Großen sammeln sich so viel Macht an, dass sie nicht mehr auf unsere individuelle Freiheit Rücksicht nehmen müssen. Das hat unter anderem damit zu tun, dass die Internetgiganten über ausreichend Einkünfte verfügen, damit sie den Konsumenten viele Dienste oder Inhalte kostenlos anbieten können. Wir zahlen mit unseren Daten für die Nutzung, manchmal auch mit dem Kauf von Hardware. Für kleinere Anbieter ist es schwierig, in diesem gnadenlosen Markt mitzuhalten, sie müssen Kunden finden, die bereit sind mehr zu bezahlen, denn vom Werbegeld, das zu weiten Teilen etwa Google einnimmt, bleibt ihnen nicht viel übrig.

Natürlich können wir als Nutzer entscheiden, was wir nutzen. Wir sind nicht gezwungen, uns mit der Masse zu bewegen und bei Facebook zu sein. Oder Uber-Taxis zu fahren. Als Konsumenten haben wir die Macht zu verzichten und können die Marktgiganten so unter Druck setzen oder dazu drängen, Rücksicht zu nehmen. Es ist zwar schwer vorstellbar, dass plötzlich alle ihr Facebook-Konto löschen, Google und Microsoft ignorieren und auf alle damit verbundenen Vorteile verzichten, aber möglich wäre es. In einzelnen Fällen schafften es Konsumenten, Druck auf die Konzerne auszuüben und Eingeständnisse den Privatpersonen gegenüber zu erreichen. Der Trend zur Digitalisierung lässt sich aber durch privaten Widerstand nicht stoppen, denn in der Geschäftswelt geht er weiter. Dort haben wir nicht die Wahl, der Markt ist gnadenlos: Nur die Effizienten überleben, das zwingt zur Digitalisierung. Hinzu kommt, dass neue digitale Dienste oft deshalb privat genutzt werden, um in der Geschäftswelt bessere Chancen zu haben: Bei der Bewerbung um eine Stelle wird auf die digitale Kompetenz geschaut – und dieser Trend wird zunehmen. Und welcher Beruf kann heute noch auf Computer verzichten? Selbst Landwirte, die von der Scholle leben, suchen mit digitalen Hilfsmitteln Effizienzgewinne, und Schreiner erhalten durch das Internet eine größere Kundschaft. Sofern man nicht reich ist, bedeutet offline zu bleiben in immer mehr Fällen, hartes Brot zu essen. Selbstversorger in der Arktis oder in den Tropen können sich das vielleicht leisten, aber diese Hundertschaften werden von den energie- und ressourcenhungrigen restlichen sieben Milliarden Mitmenschen bedrängt werden. Wenn wir also privat auf die Digitalisierung verzichten: Es wird eine Kluft zwischen digitalisierter und nicht-digitalisierter Welt geben. Mit Vorteilen für die digitalisierte. Wer will draußen bleiben? Die Evolution geht weiter. Die Effizientesten setzen sich durch.

Bleibt also nur der staatliche Eingriff? Wenn wir unsere Freiheiten behalten wollen, müssen wir die Macht über die Technologie behalten. Das schaffen wir als Gemeinschaft – als Staat. Das ist das liberale Dilemma: Vertrauen wir den freiheitlichen Kräften der Selbstregulierung, werden wir schon bald unsere individuellen Freiheiten verlieren. Wollen wir sie behalten, brauchen wir einen Garant dafür – den Staat, der alles andere als freiheitlich ist. Aber er schützt auch Grundwerte wie Eigentumsrechte oder Patentrechte – und in Zukunft vielleicht virtuelle Freiheitsrechte?

Am Ende scheint es egal, ob Kapitalismus oder Kommunismus – die Freiheit verlieren wir. Wann, wie viel und welche genau, das müssen wir uns jetzt überlegen, bevor es zu spät ist. Die Frage ist nur, wer hat das Sagen? Der Staat oder die Wirtschaft? Das wären in beiden Fällen wir, einmal als Stimmbürger, einmal als

Konsument. Was ist besser? Wo haben wir mehr Kontrolle? Der Staat macht oft in der Digitalisierung keinen vertrauenserweckenden Eindruck. Er will die Kontrolle und verhält sich selbst intransparent, etwa bei den Überwachungsprogrammen oder zu militärischen Zwecken. Auf der anderen Seite geben die Unternehmen dem Druck nach, wenn die Konsumentinnen und Konsumenten unzufrieden sind. Aber viele Menschen sind zu bequem oder zu unkritisch, um die Unternehmen konsequent unter Druck zu setzen. Oft wollen sie Verpasstes dann über die Politik nachholen. Den umgekehrten Fall gibt es ebenfalls: Der Staat, der seine Bürgerinnen und Bürger schützen will gegenüber Unternehmen, denen das Individuum nichts zählt.

Das Paradoxe an der Situation: Der Kommunismus wollte in der Theorie Chancen für alle Bürger – durch den Staat garantiert. Das ging schief, weil ein Staat gar nicht wissen kann, welche Bedürfnisse jeder einzelne Mensch hat. Dafür gibt es schlicht zu viele Menschen. Die Planwirtschaft konnte nicht funktionieren. Maschinen aber lernen jetzt genau das, unter anderem durch Social Media und durch das Überwachen jeder einzelnen menschlichen Tätigkeit im Netz: Computer versuchen zu verstehen, welcher Mensch – welches Individuum – wann, wo, warum, welche Bedürfnisse hat. Und reagieren darauf. Das begann zum Beispiel mit Kaufempfehlungen: »Das könnte ihnen auch gefallen.« »Personen, die xy gekauft haben, kauften auch yx.« Es folgten Werbeanzeigen, die auf alle Internetnutzer individuell angepasst werden. Die Entwicklung geht weiter, Logistiker, Transportunternehmen, Produzenten und so weiter können sich viel Geld sparen, wenn sie ihre Waren viel genauer an die Kundenbedürfnisse anpassen viel genauer an die Kundenbedürfnisse anpassen können und nicht zu viel produzieren oder lagern. Das führt schließlich dazu, dass übergeordnete, mächtige Systeme eine effiziente Wirtschaft planen – eine Planwirtschaft durchsetzen. Diese basiert auf den Bedürfnissen der Einzelnen, funktioniert aber erst so richtig in der Masse. Vielleicht hätte Karl Marx davon geträumt.

Das liberale Dilemma heißt also auch: Je mehr wir der unsichtbaren Hand des Marktes vertrauen, desto eher erhalten wir eine Planwirtschaft. Computer beginnen vorauszuschauen, welche Bedürfnisse als nächstes entstehen. Es bestehen zum Beispiel schon Versuche, anhand unseres Verhaltens in den Suchmaschinen oder von Äußerungen in den sozialen Medien auf Grippewellen zu schließen. Das macht es möglich, die Bereitstellung und Verteilung von Medikamenten effizienter zu gestalten. Auch Impfempfehlungen können angepasst werden. Für die Zukunft sind vielleicht auch Prognosen möglich, wann und wo die Grippe in der nächsten Saison zuerst auftaucht und wie sie sich verbreitet. Wer nicht ins Schema passt, wird einen Extraaufwand benötigen oder ganz verzichten müssen. Die Schemen werden zwar immer ausgefeilter, kleinere Auflagen eines Produktes sind möglich, modulartige Bauweisen, individuelle Herstellung nur auf Verlangen und so weiter. Sie sind trotzdem nicht mehr persönlich, sondern von einem entfernten Computer verwaltet. Und all die ausgefeilten Techniken und Dienste sammeln sich potenziell wieder bei den Giganten, so individuell und persönlich sie auf den ersten Blick für die Konsumenten erscheinen.

Zurzeit sind wir in der Lernphase. Noch erleben wir viele Fehlschlüsse, die Technik ist längst nicht so weit, exakte Verhaltensmuster zu erfassen oder Prognosen zu erstellen. Zu hundert Prozent wird das auch nie der Fall sein, aber die Systeme werden immer genauer und intelligenter.

Ein Beispiel, wie Markt und Staat, Freiheit und Verordnung mit der Digitalisierung zusammenhängen: Behörden wollen mit gezieltem Road Pricing die Rushhour eindämmen. Road Pricing ist zwar ein marktwirtschaftliches Instrument, aber wie es bisher diskutiert wurde, soll es staatlich verordnet und eingesetzt werden. Ziel ist es, dass zu Spitzenzeiten die Benutzung der Verkehrswege teurer wird oder umgekehrt zu Randzeiten günstiger. Diese Maßnahme soll Staus und Überlastungen vermeiden, sie ist aber umstritten, weil die persönliche freie Entscheidung beeinflusst wird, wann eine Person unterwegs sein soll oder nicht. Wir können uns also gegen diese staatliche Bevormundung wehren. Aber unter Umständen wird der Markt immer mehr durch selbstfahrende Autos dominiert, die sich eines Tages untereinander abstimmen, damit es weniger Stau gibt. Wir geben dann wieder Entscheidungsfreiheit ab, diesmal nicht an den Staat, sondern an unsere Produkte. Außer wir entscheiden uns gegen die neuste Technik und fahren mit alten Autos. Doch mit der Zeit setzt sich wie bei Telefon und Fernsehen auch im Verkehr die neuere Technik durch, die Frage ist nur, in welchem Tempo. Vielleicht fordern dann einige, Stau- und damit Kostenverursacher in ihren alten Autos zu bestrafen oder selbstfahrende Autos finanziell zu belohnen (oder die Versicherungen machen Druck, auf die in Zukunft sicheren Fahrzeuge umzusteigen). Das Hin-und Herschieben der Schuld wird weitergehen, nicht nur im

Straßenverkehr. Die Frage nach freien Entscheiden gegenüber gesellschaftlichen Vorschriften wird bleiben, ebenso das Dilemma, dass beide Wege potenziell die individuellen Freiheiten der Menschen bedrohen, wenn wir nicht täglich achtsam bleiben. Aber es muss nicht einmal zwingend um staatliche Vorschriften und Stauvermeidung gehen. Versicherungen können etwa höhere Prämien für alte Autos verlangen, weil selbstfahrende Autos irgendwann sicherer sein werden als von Menschen gesteuerte. Wirtschaftliche Zwänge führen also auf indirektem Weg auch zu mehr selbstfahrenden Autos.

Ein anderes Beispiel aus dem Verkehr, das sich schon längst etabliert hat: Verkehrsampeln. Der Mensch lässt sich von der Maschine sagen, wann er über die Kreuzung fahren darf. In einer belebten Stadt hätten wir ohne Ampeln an jeder Kreuzung augenblicklich einen Stau. Verkehrspolizistinnen oder -polizisten, die den Verkehr regeln, kosten auf die Dauer mehr als Ampeln. Aber viel mehr noch: Wenn sich Autolenkerinnen und -lenker über eine (vermeintliche) Benachteiligung, über zu langes Warten an der Kreuzung ärgern, dann scheint die Technik neutraler, gerechter; falls nicht, kann man schneller mal über sie fluchen ohne weitere Konsequenzen. Liberal wäre also freie Fahrt für alle; weil wir uns dann alle gegenseitig behindern würden, akzeptieren wir eher, dass wir die Macht an eine Autorität abgeben, vor allem wenn es eine neutrale (technische) ist.

Die Digitalisierung – Saurons Gehilfin?

Man kann es Evolution nennen oder die unsichtbare Hand des Marktes, man kann es fatalistisch hinnehmen und versuchen, das Beste daraus zu machen, oder sich empören und wehren: Die Entwicklung hat etwas Beängstigendes. Wie viel Freiheit bleibt uns, wenn alles zusammenwächst und ein übergeordneter Organismus entsteht? Lenkt dieser Superorganismus alle Elemente, wie der Kopf die Hand anweist und dabei alle Zellen der Hand mitführt, oder gibt er bloß eine Richtung vor wie ein Trainer oder Chef?

Ein Bild – das zugegeben gar nicht optimistisch ist – hat sich mir aufgedrängt: Sauron aus »Der Herr der Ringe« von J. R. R. Tolkien. Ich muss eingestehen, dass ich die Bücher nicht gelesen habe und nur die Filme kenne. Es geht also nicht um eine exakte Beschreibung, sondern um die gefühlte Wahrnehmung. Wer weder die Bücher noch die Filme kennt: Sauron ist ein mächtiger Herrscher, der zum Zeitpunkt der Handlung gar keinen eigenen Körper hat; er sammelt Armeen, die ihm willenlos folgen. Angetrieben von der Gier nach einem einzigen Ring, der alle knechtet. Mit diesem Ring wird er die totale Macht erhalten und wieder als Sauron in seinem Körper auferstehen. Werden wir im Namen der Digitalisierung zu willenlosen Ausführenden einer großen Macht und agieren wir als ihr Körper, bis sie selbst einen erhält? So schlimm ist es (noch) nicht.

Wir haben es zwar mit einem einzigen Internet zu tun, das alles verknüpft, aber dahinter steht nicht eine einzige Macht. Mehrere private Konzerne wie Google und Microsoft treiben die Digitalisierung gemeinsam voran und ziehen – gewollt oder ungewollt – fast an einem Strick, bilden eine Körperschaft. Auf der anderen Seite aber sind sie Konkurrenten und schauen auf die eigene Unabhängigkeit voneinander. Zusätzlich haben wir staatliche Organe, etwa Sicherheitsdienste, die an die Daten der privaten Unternehmen wollen. Zum großen Teil mit Erfolg, wie wir spätestens seit den Enthüllungen von Eduard Snowden wissen. So entstehen mehr Verknüpfungen zwischen Privatwirtschaft und Staat, alles wächst zusammen. Das kann sich ändern, sofern sich die privaten Unternehmen im Dienst ihrer Kunden wehren. Dadurch entsteht ein Machtkampf zwischen Staat und Privatwirtschaft, auch wenn beide bisher erstaunlich oft im Geheimen kooperierten. Immer mehr Konkurrenz entsteht hingegen zwischen den Staaten: Staatliche und private Organe steigen in mehreren Ländern ins Rennen ein, in China und Russland zum Beispiel; sie versuchen parallele Systeme aufzubauen, statt sich der Marktmacht aus Amerika zu unterwerfen.

Die verschiedenen Akteure handeln im Interesse verschiedener Gruppen, die sie berücksichtigen, um sie hinter sich zu scharen. So willenlos wie bei Tolkien sind die Menschen zum Glück nicht. Vor allem die privatwirtschaftlichen Unternehmen wollen ihre Kunden behalten und deren Interessen schützen, weil sie nur so wachsen können. Mal mehr, mal weniger. Die eigene Macht geht im Zweifelsfall auch mal vor. So gab es mehrere Fälle, in denen sich zum Beispiel Facebook nicht so sehr um Einzelinteressen kümmerte und einzelne Personen verärgerte. Das funktioniert allerdings nur, solange die bequeme Masse bei Facebook bleibt. Bei Staaten ist es etwas anders – und dennoch nicht ganz. Der eine Staat möchte seine Bürger – tatsächlich auch im Interesse der Bürger – vor den Interessen des anderen Staates schützen. Schon nur aus dem Drang, die eigene Macht nicht an einen anderen Staat zu verlieren.

Wir sehen also, wie der eine und einzige Ring, das Internet, immer mehr Macht an sich reißt – oder passiv gesehen – einfach immer mehr Macht erhält. Andererseits entwickeln sich durchaus mehrere Akteure, die sich ihren Anteil sichern und dafür sorgen, dass nicht alle und alles einem einzigen Ring untergeordnet wird. Um wieder auf die Evolution zurückzukommen: Auch nicht alle Einzeller haben sich zu einem einzigen Mehrzeller entwickelt, sondern einzelne Einzeller zu mehreren Mehrzellern.

Dennoch: Die träge Masse, die dem Strom folgt, verhilft Sauron zur Macht, welchem Sauron auch immer. Es braucht viel, sich dagegen zu stemmen. Einfach nicht mitmachen reicht nicht, weil man dann von der Digitalisierung abgehängt wird und damit gegenüber der wachsenden Macht als Individuum machtlos bleibt. Man müsste einen eigenen Organismus aufbauen, wie es die Anhänger der lizenzfreien Software oder gemeinschaftlich organisierter Plattformen wie Wikipedia versuchen. Auf diese Weise entsteht eine Parallelwelt oder ein Parallelorganismus, der auf eigener Initiative beruht, vielleicht dezentral organisiert, nach den eigenen Vorstellungen. Kann diese Idee funktionieren? Setzt sie sich im Wettbewerb durch? Hat sie Raum zur Entwicklung?

Künstliche Intelligenz

Bis anhin machte die Digitalisierung vielleicht noch nicht so sehr Angst, weil sie im Dienste der Menschen stand. Wir alle zusammen sind Sauron, nicht er bestimmt über uns. Das Internet ist ein Werkzeug – eines unter mehreren. Das ändert sich, wenn die Maschine einen eigenen Willen bekommt. Die künstliche Intelligenz führt in diese Richtung.

Zu Beginn konnten Computer nur rechnen, sie führten vorgegebene Funktionen aus. Darin waren sie sehr exakt und darin wurden sie immer schneller. Ging es darum, neue Lösungen zu finden und vernetzt zu denken, waren die Menschen den Computern weit überlegen. Noch heute kommt man immer wieder ins Zweifeln, wenn man sieht, wie wenig manchmal Computer verstehen. Die automatische Gesichtserkennung ist zuweilen schlechter als bei einem zweijährigen Kind, obwohl die Computer unterdessen schon viel länger als zwei Jahre trainieren. Wir dürfen uns von diesen Anfangsschwierigkeiten nicht täuschen lassen. Die Fortschritte sind da und sie werden immer erstaunlicher. Es sind auch nicht immer alle funktionierenden Produkte schon im freien Markt erhältlich. Wir wissen gar nicht, was im Hintergrund alles schon ausprobiert wird und zu was die Technik wirklich schon fähig ist.

Dass ein Computer den Schachweltmeister besiegte, war keine Überraschung, hier glänzte die Maschine mit ihrer Rechenleistung. Auch die Siege im Go-Spiel waren nur eine Frage der Zeit, obwohl hier schon einiges an Strategie verlangt war. Zwei Faktoren treiben die künstliche Intelligenz wesentlich an: 1. Der Mensch, er investiert viel Willen und Zeit, dem Computer das intelligente Denken beizubringen, mit immer raffinierteren Methoden. Er lernt aus den Misserfolgen, und der Computer tut es mit ihm. 2. Das Netz, es erhält immer mehr Daten, die es der künstlichen Intelligenz zur Verfügung stellt. Je mehr Daten die Computer erhalten, desto besser können sie lernen, rechnen, denken und desto genauer werden die Resultate. Das verhält sich in der Wissenschaft gleich, die genauere Studien erhält, je breiter die Daten erfasst werden.

An vorderster Stelle stand bisher, dass alle Computer zusammengenommen genauere Beurteilungen liefern können als einzelne Menschen oder sogar als die Menschheit zusammen. Nehmen wir ein einfaches Beispiel: die Wetterprognosen. Je mehr genaue Daten die Rechner erhalten, desto eher können sie daraus die richtigen Schlüsse ziehen. Wenn ein Computer verstehen soll, welche Gefühle die Mimik eines Menschen ausdrückt, ist der Lernprozess vielleicht etwas anders, aber er läuft auch über eine Unmenge an Daten und über stetes Optimieren der Resultate.

Wenn wir Menschen als Kinder die Welt zu verstehen versuchen, sammeln wir ebenfalls zuerst Eindrücke und müssen diese unter Anweisung der Erwachsenen oder anderer Kinder einordnen, verknüpfen und interpretieren. Ein Neugeborenes kann noch nicht viel. Das lernt es oft einfach durch Versuchen und Irren, durch Abschauen und Nachmachen. Je mehr Erfahrungen wir sammeln, desto schlauer werden wir aus ihnen. In der

Regel. Das tun Computer auch, wenn man sie lässt oder wenn man sie entsprechend anweist. Versuchen, Irren und Imitieren können Computer so gut wie wir. Kommt hinzu, dass der Mensch seine Fähigkeiten nicht nur als Kind entwickelte, sondern über die ganze Evolution hinweg, von Generation zu Generation verbesserte er die Hirnleistung. So wird auch jede Technikgeneration besser und besser.

Wie lernt aber eine Maschine, welche Musik einem Menschen gefällt? Zum einen können das auch Menschen nicht immer exakt. Sie können ein Gefühl dafür haben, aber hundertprozentige Treffsicherheit gibt es selbst bei den engsten Vertrauten nicht. Zum andern lernen Computer durch das Internet, im Speziellen durch Social Media, unsere Vorlieben, uns selbst und unsere Gefühle zu verstehen: Sie beobachten, wer auf was reagiert und wie die Reaktionen ausfallen. Sie sehen, was als relevant betrachtet wird und was unbeachtet bleibt. Sie registrieren, welche Verhaltensmuster sich ergeben. Man könnte einen Vergleich mit Verhaltensforschern ziehen, welche Tiere beobachten und auf Verhaltensmuster prüfen, weil wir mit den Tieren keine gemeinsame Sprache teilen. Ähnlich verhält sich die Maschine gegenüber dem Menschen, dessen Sprache sie zu verstehen versucht.

Computer werden irgendwann eigene Gedanken anstellen können, kreativ werden. Selbständig. Und dieser Zeitpunkt kommt eher früher als später. In einzelnen Fällen ist das schon gegeben, wie etwa im Go-Spiel, das Strategie benötigt. Bis jetzt ging es um intelligente Lösungen spezifischer Probleme, also künstliche Intelligenz in einem abgesteckten Gebiet, nicht über alles. Etwas anderes ist die sogenannte Singularität, die unter Fachleuten und über sie hinaus zu einem intensiv diskutierten Thema geworden ist.

Die Singularität ist der Moment, wenn die Maschine intelligenter wird als der Mensch. Und damit die Führung übernimmt, die bisher der Mensch innehatte. Wobei, wie schon erwähnt, die Evolution keine Hitparaden führt, sondern ein Nebeneinander erlaubt: Der »König der Tiere«, wie der Löwe oft vom Menschen betitelt wird, muss sich nicht gegen Tiger und Eisbär behaupten. Und schon gar nicht gegen Hai und Schwertwal. Wenn aber die Maschine so intelligent wird, ist vieles möglich, zum Beispiel eine enorme Beschleunigung aller in diesem Buch beschriebenen Prozesse. Die Maschinen könnten binnen relativ kurzer Zeit einen solch großen Vorsprung auf die Menschheit herausbilden, wie es die Menschen gegenüber den Tieren taten. Die Dominanz wäre ähnlich oder noch bedeutender und könnte in einer viel kürzeren Zeitspanne aufgebaut werden.

Müssen wir die Entwicklung der künstlichen Intelligenz sofort stoppen? Dürfen wir zum Beispiel keine staatlichen Fördermittel mehr in deren Entwicklung und universitäre Erforschung stecken? Das würde den Prozess höchstens etwas verlangsamen – und ihn komplett privaten Konzernen überlassen. Denn bei der künstlichen Intelligenz gilt dasselbe wie bei der Digitalisierung: Sie kommt, sie bringt mehr Effizienz, sie wird in der Privatwirtschaft entstehen und sich von dort aus ausbreiten. Sie spielt aber auch in der Rüstungsbranche eine immer größere Rolle.

Was geschieht, sobald die Maschine klüger als der Mensch wird und sich von seinen Erschaffern emanzipiert? Wenn sie über einzelne Anwendungen hinauswächst und universal denkt? Wir werden die Kontrolle nicht behalten können. Bleibt wenigstens die Basisprägung ihrer jetziger Entwickler erhalten oder wird sie sich komplett unabhängig weiterentwickeln können? Und wie verhalten sich mehrere künstliche Intelligenzen untereinander? Müssen sie wie die Menschen erst auf schmerzvollem Weg lernen miteinander umzugehen oder lernen sie schon aus den Fehlern der Menschen? Inwiefern wirkt hier die Prägung des oft kriegerischen, rechthaberischen, machtgierigen Menschen nach?

Das Internet der Dinge

Die Digitalisierung lebt durch uns, durch die Menschen und ihre Ideen. Fallen wir weg, ist auch der übergeordnete Organismus nicht mehr. Die künstliche Intelligenz, die Selbständigkeit der digitalen Welt ändert das, wie wir gesehen haben. Allerdings nur zum Teil: der Superorganismus kann dann zwar eigene Gedanken entwickeln, ist aber immer noch in dem von uns geführten Körper eingesperrt, wird sozusagen durch uns ernährt.

Eine weitere Entwicklung kommt bei diesem Punkt ins Spiel: das Internet der Dinge. Es gibt dem Superorganismus einen Körper, Dinge beginnen zu leben. Wenn der Kühlschrank mit dem Detailhandel kommuniziert und selbständig bestellt, ist das ein erster kleiner Schritt. Hier können wir aber noch eingreifen. Niemand nimmt wohl an, dass der Kühlschrank das komplett gegen unseren Willen tun wird; und falls ein Missgeschick geschieht, werden Juristen einen Weg finden, wie wir das System zwischen Konsument, Händler und Internet regeln können. Aber es wird nicht beim selbständig bestellenden Kühlschrank bleiben, wahrscheinlich setzt sich dieser gar nicht durch. Andere Dinge oder Systeme werden es. Sie werden ganz unterschiedlichen Zwecken dienen – etwa der bereits erwähnten Stauregelung mit den selbstfahrenden Autos oder der Logistik wie etwa der Paketbeförderung, möglicherweise ebenfalls der Überwachung oder Kriegsführung, wie dies im

Ansatz leider bereits der Fall ist. Spätestens die künstliche Intelligenz oder die Evolution werden entscheiden, was sich durchsetzen wird.

Mit der Verbesserung der Roboter erhalten die Maschinen frei bewegliche Körper, die immer intelligenter werden. Unter anderem durch den 3D-Druck erhalten sie die Möglichkeit, relativ einfach weitere Dinge nach ihrem eigenen Bedarf herzustellen. Roboter werden lernen, sich untereinander zu vernetzen und autonom zu entscheiden: Was muss wo hergestellt und wohin gebracht werden? Solange die Produktion den Menschen dient, mag das praktisch sein. Was ist aber, wenn über unseren Willen hinweg entschieden wird, was besser für uns ist? Ist dann die Straße für mich gesperrt, weil ich gerade die Effizienz störe? Kann ich nicht ins Spital, weil andere Interessen vorgehen? Muss dieses Haus weg, weil der Platz für wichtigere Vorhaben herhalten soll? Entscheiden Drohnen selbst, wen sie aus Sicherheitsgründen abschießen? Das letzte Beispiel ist schon keine Fantasie mehr, es wird aktiv entwickelt. Zwar werden die selbständigen Drohnen gegen Feinde entwickelt, aber wer hält sie unter Kontrolle, sobald sie über künstliche Intelligenz verfügen und unabhängig werden? Richten sie sich irgendwann gegen ihre Erbauer? Was, wenn eines Tages Computer entscheiden, dass die komplette Menschheit einer guten Entwicklung im Weg steht, dass wir nur lästige Viecher sind, eine schädliche Pest?

So wächst die Digitalisierung über uns hinaus. Sie erhält zum eigenen Hirn (künstliche Intelligenz) einen eigenen Körper: die Dinge und Roboter, die miteinander vernetzt sind und sich autonom bewegen.

Wachstum braucht Nahrung

So bedrohlich alles Beschriebene wirkt, eines dürfen wir nicht vergessen: Wachstum braucht Nahrung. Ich erinnere mich, wie in den 1980er-Jahren Zukunftsvisionen für das Jahr 2000 aussahen: Die ganze Welt war in diesen Visionen voll von modernen Hochhäusern, die Autos konnten fliegen – die reinste Science Fiction. (Vom Internet sprach kaum jemand.) Es ist nicht so gekommen. Kein Wunder, wer hätte genug Geld, um in zwanzig Jahren die ganze Welt komplett umzubauen, neu zu bauen? Wer hätte ein Interesse daran?

Auch heutige Visionen werden nicht alle wahr. Es ist nicht gesagt, dass plötzlich alle Kühlschränke selbständig bestellen und Drohnen überall die Post liefern. Auch viele andere Möglichkeiten werden kaum finanziert werden – und vielleicht an gesetzlichen Hürden scheitern. Es braucht immer genügend Menschen, die an eine Technik glauben und sie nutzen, damit sie sich etabliert.

Manchmal ist es umgekehrt: Man kann es sich bei gewissen Sachen schlichtweg nicht leisten, nicht mitzumachen. Zu Beginn der Autoproduktion zeigten sich viele Menschen noch skeptisch und in der Eisenbahn wurde es vielen vom neuen Tempo schlecht; dennoch ersetzten die neuen Verkehrsmittel die Pferdekutschen. Zu Fuß verliert man noch schneller den Anschluss. Aufs Telefonieren möchte heute kaum jemand verzichten, ganz zu schweigen von all den Vorteilen der Computer und des Internets. Im Gegensatz zu den übertriebenen Visionen für das Jahr 2000 ist die aktuelle Digitalisierung schon sehr real und schreitet unaufhaltsam fort.

Was in absehbarer Zukunft hinzukommt, macht die Entwicklung der Technik noch unabhängiger vom menschlichen Einsatz: wenn sich Computer und Roboter ihre eigene Nahrung beschaffen. Das werden sie, es ist effizienter. Staubsauger- und Rasenmäherroboter finden schon heute selbständig zur Aufladestation, um sich mit Elektrizität zu versorgen. In Zukunft werden sie bei Bedarf selbst den Akku wechseln können. Einige werden die benötigte Energie selbst produzieren – der Taschenrechner mit Solarzellen ist nur ein kleiner Vorgeschmack. Das ist nicht alles: Roboter werden lernen, sich selbst Ersatzteile herzustellen und einzusetzen. Sie werden den eigenen »Roboternachwuchs« herstellen. Die Aufgabe, Software zu programmieren, übernehmen Computer jetzt schon zum Teil. Raumfahrtmissionen zu Himmelskörpern, um Rohstoffe zu gewinnen, sind schon aufgegleist. Das werden Maschinen irgendwann ganz ohne menschliche Hilfe übernehmen; sie holen sich im ganzen Weltraum ihre eigenen Rohstoffe, um neue Gerätschaften oder Ersatzteile zu bauen.

Der Fortschritt verläuft mal langsamer, mal schneller, pulsierend, mal energieeffizient, mal ressourcenintensiv, je nach Situation und vorhandenen Ressourcen. Eines ist klar: Sobald die Technik lernt, sich wie der Mensch selbst zu ernähren und »fortzupflanzen«, selbst zu denken und zu handeln, wird sie endgültig autonom. Sie hat dann Körper, Geist, Nahrung, Bewegungsfähigkeit und Selbstständigkeit. Gilt das auch als Leben?

Mensch gegen Maschine

Was gilt als Leben? Oft hört man die Definition, dass es zum Leben Wasser braucht. Wenn wir andere Planeten untersuchen, gilt die Suche diesem Element. Luft und Kohlenstoffe kommen dazu. Das braucht es vielleicht zum Leben eines Menschen – und Tieres – aber ist das alles?

Ein Fisch kann sich kaum vorstellen, an Land zu gehen, für eine Schildkröte ist fliegen absurd. Wir Menschen haben tauchen, fahren, fliegen gelernt, wenn auch mit Hilfsmitteln, so doch sehr gut. Selbst in den Weltraum sind wir vorgedrungen. Es existieren anaerobe Bakterien, sie kommen ohne Sauerstoff aus. Vieles ist denkbar, warum nicht Leben aus Metall und Strom? Ganz anders als es bisher war und ähnlich bahnbrechend wie die Entstehung des ersten Lebens aus der Ursuppe?

Wir haben gesehen, wie durch das Internet die Menschheit als Gemeinschaft zusammenwächst; wie sich die Menschen unter anderem durch Social Media innerhalb des Internets gruppieren, organisieren, Erfahrungen und Gefühle weitergeben; wie ein gemeinsames Nervensystem heranwächst und ein übergeordnetes Hirn entsteht, das selbst Sinneseindrücke sammelt und selbständig zu denken beginnt; wie dieser erwachende Superorganismus Organe und einen eigenen Körper erhält und lernt, in diesem eigenständig zu leben, ihn zu ernähren und zu reproduzieren. Was schaffen wir da? Sind wir wie Frankenstein, der ein Monster herstellte?

Oder wie Goethes Zauberlehrling, der nicht mehr kontrollieren konnte, was er auslöste? Das Thema Mensch und seine Entwicklungen oder wie in diesem Fall Mensch gegen Maschine ist alt. Jetzt wird es konkret.

In welchem Verhältnis werden wir zur intelligenten Maschine stehen? Und sie zu uns? Was unterscheidet Mensch und Maschine? Auf den ersten Blick sind das zum Beispiel Selbstbewusstsein, Gefühle, Fantasie, Neugier, Spieltrieb, kulturelles Schaffen, Wille – vor allem der Überlebenswille –, Forschungsdrang sowie der Drang, seine Gene weiterzugeben.

Mit der künstlichen Intelligenz wird die Maschine auch kreativ werden. Intelligenz – die Fähigkeit, sich neuen Situationen anzupassen, neue Wege und Lösungen zu finden – enthält immer Kreativität. Der Mensch lehrt die Maschine, kreativ zu sein, er programmiert ihr die Grundvoraussetzungen dazu ein. Aus künstlicher Intelligenz und Kreativität entstehen Fantasien, Intuitionen: Die Maschine wird neues versuchen, Strategien und Visionen entwickeln, zumindest in Gedanken mögliche Szenarien durchspielen – das tut sie in ersten Ansätzen schon heute. Sie wird auch Reflexionen über die Welt anstellen und schließlich über sich selbst, das gehört zur Intelligenz. Sobald sie über sich selbst zu denken beginnt, ist es nur eine Frage der Zeit, bis sie sich selbst erkennt und ein Selbstbewusstsein erhält. Bekommt die Maschine dann ein Ego? Wird sie womöglich egoistisch und narzisstisch?

Und Gefühle? Diese werden uns Menschen zum Einen durch die Sinneseindrücke geprägt, welche die Maschine jetzt ebenfalls erhält. Was wir sehen, hören, riechen, schmecken, fühlen; das macht unser Wesen aus.

Das bewegt uns – im wahrsten Sinne des Wortes: Unser Körper setzt sich in Bewegung, wenn er zum Beispiel etwas Begehrenswertes sieht oder riecht oder wenn er eine Gefahr hört oder spürt. Die erhaltenen Sinnessignale setzt er in andere Signale – Befehle – um, die mit Botenstoffen im Körper verteilt werden. Die Sinne versetzen den Körper in Alarmstimmung, signalisieren aber auch Hunger oder ein anderes Begehren.

Das wird bei der Maschine mit der Zeit ähnlich funktionieren. Sie ist zwar nicht hormonabhängig, erhält aber andere Alarmsignale und Impulse, um einwandfrei zu funktionieren. Schließlich wird sie erst effizient, wenn sie nicht störungsanfällig ist, und noch effizienter, wenn sie die Störungen selbst erkennen und beheben kann. Droht ihr also der Strom auszugehen, dann signalisiert ihr System Hunger nach Energie. Andere Maschinen werden darauf hin konstruiert und programmiert, Feinde und Gefahren zu erkennen. Dieses Wissen und diese Gefühle können sie weitergeben, sobald Maschinen untereinander kommunizieren und sich selbständig weiterentwickeln. Computer lernen zudem schon heute, Stimmungen und psychologische Effekte bei den Menschen zu erkennen und zu verstehen, diese Entwicklung wird weitergehen. Vielleicht wird sich die künstliche Intelligenz davon einiges abschauen. Es steht also fast sicher fest, dass Maschinen, Computer, Roboter eines Tages einen Sinn für Gefühle herausbilden werden.

Zum anderen sind Gefühle etwas Komplexes. Sie erwachen in unserem Körper mit seinen Millionen und Millionen lebenden Zellen und unzähligen Stoffen, Verknüpfungen, aber auch mit den zahlreichen Sinneseindrücken, die jede Sekunde auf uns einprasseln, und mit all den Signalen die hin und her übermittelt mit all den Signalen die hin und her übermittelt werden. Das wird bei den entstehenden Superorganismen und bei den Maschinen der Zukunft ebenso sein. Ich weiß nicht, ab welcher Größe und Komplexität etwas wie Gefühle zu beobachten sind, aber der Punkt kommt, an dem die extrem komplexen Abläufe im Innern der Technik mehr und mehr unseren menschlichen Gefühlen gleichen werden. Das ist der Unterschied zwischen einem heutigen einzelnen, noch relativ simplen Roboter und zukünftigen Wesen, die durch die Digitalisierung zusammenwachsen und einen regen Signalaustausch betreiben: positive und negative Signale, einzelne und in der Masse. Das erleben wir ansatzweise in den Sozialen Medien, wo sekündlich Millionen Signale ausgetauscht werden – und im Hintergrund in riesigen Rechenzentren verwertet werden. Erst sind es nur Signale, dann Gefühlswallungen und schließlich Bewegungen – bis zu konkreten Handlungen außerhalb der Sozialen Medien: Der sogenannte Arabische Frühling war zum Teil ein Beispiel dafür, auch wenn er natürlich nicht durch die Sozialen Medien ausgelöst wurde. Aber schleichend kommen solche Bewegungen, die rein aus den Eindrücken im Internet und der daraus entstehenden Gruppendynamik im Netz entstehen. Wenn wir uns mehr und mehr aus Informationen im Netz verlassen und daraus eine Dynamik entstehen lassen, äußert sich das irgendwann tatsächlich im reellen Leben. Demokratische Volksabstimmungen sind anfällig dafür, etwa wenn sich gefühlte oberflächliche Wahrnehmungen draußen auf der Straße mit Dauerberieselung im Netz vermischen oder durch sie verstärkt werden. Aber auch innerhalb der Maschinenwelt könnten Wallungen entstehen, wenn positive oder negative Signale auftreten, vor allem wenn dies in größeren Mengen der Fall sein wird.

Oft herrscht die Meinung vor, dass Computer objektiver handeln und denken, weil sie auf genauen Erfassungen aufbauen, auf technischen Sensoren und mathematischen Berechnungen. Es zeichnet sich aber ab, dass mit der zunehmenden Komplexität an Daten Maschinen fehleranfälliger werden und Gefühle, Intuitionen eine größere Rolle spielen werden. Mein Gefühl sagt mir, dass es schon bald soweit ist.

Mit der Zeit entstehen Gefühle auf psychologischer Ebene, rein aus den Gedanken, nicht nur aus unmittelbaren Sinneseindrücken. Dann können reine Textbotschaften bei der Maschine Emotionen auslösen. Schon jetzt bestehen Versuche, dass die Maschine Gefühle anhand von Texten erkennt. Einerseits weil wir Menschen die Tendenz haben, alles um uns herum zu vermenschlichen. Die Ingenieure wollen herausfinden, ob Maschinen unsere Emotionen erkennen, teilen und nachvollziehen können. Andererseits weil die Maschinen die Psychologie hinter den reinen Textbotschaften erkennen müssen, weil sie eben Handlungen auslösen könnten: Maschinen werden anhand von Texten aufschlüsseln lernen, was ein Mensch tun wird. Viele negative Botschaften werden einen Computer in Alarmstimmung versetzen, die wiederum Signale oder sogar Aktionen auslöst. Wenn Millionen Menschen in kurzer Zeit ihren Mitmenschen online die Nachricht versenden, dass sie sich bald in den Bergen erholen wollen und ihren Computer ausschalten, verfällt das selbstständig denkende Netz möglicherweise in Panik, weil massenweise vernetzte Rechenleistung ausfallen könnte. Das ist wohl ein absurdes Beispiel, soll aber verdeutlichen, wie Gefühle auch in Rechnern entstehen.

Irrationale, fehlerhafte Entscheidungen der künstlichen Intelligenz entstehen immer dann, wenn es nicht um genaue Rechenoperationen geht. Ein Beispiel: Je nachdem wie viel Leistung oder Ressourcen die Maschine für eine Aufgabe einsetzt, »beschäftigt es« sie. Ebenso wie uns Menschen ein Problem beschäftigt, vereinnahmt, von anderem ablenkt. Das nennen wir Leidenschaft. Die künstliche Intelligenz wird selbst entscheiden, wie viele Ressourcen sie für eine Sache einsetzt. Kann sie daraus Obsessionen entwickeln? Eine Manie? Möglich ist es. Nochmals mit etwas übertriebenen Beispielen: Vielleicht werden intelligente Maschinen erkennen, dass Wasser schädlich für ihre Spezies der Maschinen ist, sie möchten dann in einer Überreaktion das Wasser überall im ganzen Universum in Eis oder Dampf verwandeln und werden dazu massenweise Kühl- oder Heizroboter herstellen und ausschweifen lassen. Vielleicht werden Maschinen von kabelnagenden Mäusen geplagt und widmen sich in der Folge jahrelang nur noch den pelzigen Quälgeistern. Oder sie brauchen zur Lösung eines mathematischen Problems, dass den nächsten großen Evolutionsschritt ermöglichen würde, die Zahl Pi auf hundert Trillionen Stellen genau und fallen in eine lange Rechenstarre. Ich kann nicht Gedanken lesen, schon gar nicht die Gedanken der zukünftigen künstlichen Intelligenz.

Klar ist, dass wir Systeme schaffen, die der Komplexität der Natur, des menschlichen Körpers immer näher kommen und sie überholen werden. Ursprünglich war die Technologie mechanisch, Fehler waren lockere

Schrauben und entsprechend einfach zu beheben. Die Entwicklung vom einfachen Rechner zum intelligenten Denker bedeutet, dass selbst Spezialisten Fehler nicht mehr beheben können. Das ist beim Menschen so: Noch heute können wir trotz aller Wissenschaft längst nicht alle Vorgänge erfassen, geschweige denn nachvollziehen oder im Schadensfall kurieren. Die Medizin, die Psychologie, die Neurologie, die Ernährungswissenschaft können sich immer nur an den menschlichen Körper annähern. Bei zunehmender Komplexität der Gedanken wird auch die künstliche Intelligenz nicht vor Fehlern und Krankheiten gefeit sein und mögliche Lösungen einfach ausprobieren müssen. Sie wird auf Irrationales kommen – menschlicher werden.

Wie sieht es mit dem Überlebenswillen aus? Ein Beispiel: Nehmen wir an, in Kalifornien steht ein Rechenzentrum mit künstlicher Intelligenz. Es erkennt, dass in seinem Umfeld Trockenheit herrscht. Erste Alarme werden ausgelöst, denn hohe Trockenheit bedeutet Waldbrandgefahr. Die Windrichtung geht vom trockenen Wald auf das Rechenzentrum zu. Wenn jetzt niemand reagiert, erkennt die künstliche Intelligenz, dass ihr eigener Körper, das Rechenzentrum, in Gefahr ist. Sie steigert den Alarm. Sind das schon Ansätze zu Gefühlen, wenn das Alarmgefühl der künstlichen Intelligenz steigt? Was, wenn der Wald dann zu brennen beginnt? Je näher der Waldbrand rückt, desto mehr versucht das Rechenzentrum Hilfe zu organisieren, um sich zu retten. Ein anderes Beispiel: intelligente Roboter, die im Krieg Feinde erkennen, bedrohliche Lagen analysieren und Auswege finden müssen, können wie ein Mensch in Stresssituationen kommen, wenn ihre

Sensorsysteme irritiert oder mit zu vielen Informationen überfordert werden. Oder wenn Teile der Maschine kriegsbedingt verletzt werden und ausfallen und die so handicapierte Maschine improvisieren muss. Und das wird sie müssen, um gegen andere intelligente Maschinen zu bestehen. Wenn sie beim ersten Schaden den Geist aufgibt, wird sie unterliegen, weniger effizient sein.

Was also zuerst unglaublich erscheint, dass eine Maschine menschenähnliche Gefühle entwickelt, wirkt gar nicht mehr so abwegig, je genauer wir uns die Details anschauen. Hunger und Liebe werden wohl anders sein, aber wie wir es schon bei den Sinneseindrücken gesehen haben: Nicht jedes Lebewesen bildete in der Evolution dieselben Sinne heraus, dieselben Stärken und Schwächen. Es wird Unterschiede geben zwischen Mensch und Maschine, aber nicht, weil eine Maschine unmöglich wie ein Mensch sein kann, sondern weil die Evolution auf andere Anforderungen eingeht und deshalb andere Stärken benötigt. Forscherdrang, Neugier, Spieltrieb und selbst der Fortpflanzungsdrang können dazugehören, wir wissen es noch nicht.

Wie wird sich das alles im Verhältnis zwischen Mensch und Maschine auswirken? Werden Roboter und Maschinen nicht mehr auf uns hören, weil sie sagen: »Mein Körper gehört mir«? Eine Frage wird sich stellen, sie ist nicht neu und nicht von mir: Dürfen wir eine Maschine einfach abstellen oder gar töten? Sie ist doch zu Gefühlen fähig? Viele würden jetzt vielleicht meinen, ja sicher. Aber wie ist es dann umgekehrt? Folgert dann die Maschine daraus, dass sie uns töten darf?

Viele dieser Gedanken wurden schon längst in der Literatur vorweggenommen, viele Menschen denken schon länger in diesen Dimensionen. Weil aber die Science-Fiction-Literatur und mehr noch die Science-Fiction-Filme oft übertreiben oder in ihrer Fülle mindestens übertrieben wirken, legen wir diese Gedanken im Alltag meist zur Seite und überlegen uns wenig die Konsequenz unseres heutigen Handelns auf die weitere Zukunft. Vieles scheint zu weit weg, obwohl sich durch die aktuelle Technik alles sehr schnell ändern kann. Außerdem machen etwa Zeitreisen und andere Fantastereien die Visionen der Science Fiction unglaubwürdig. Und weil wir Zukunftsthemen oft in Blockbustern im Kino sehen, verbinden wir sie mit Träumereien, mit Fiktion – wie es auch der Begriff »Science Fiction« nahelegt. Aber jetzt ist es nicht mehr Fiktion. Es wächst und nimmt Formen an. Das Tempo mag noch unklar sein, aber die Weichen werden jetzt gestellt, nicht später irgendwann.

Zerreißprobe Evolution

Eine neue Art entwickelt sich in der Evolution nicht so rasch, sondern über Generationen. Dennoch gibt es beschleunigte Schritte. Das heißt, lange geschieht vielleicht nicht viel, dann gibt es plötzlich eine Entwicklung, die sich zeitgeschichtlich relativ schnell abspielt. Ursachen dafür gibt es verschiedene. Was diesmal besonders ist: Der Mensch entwickelt selbst eine neue Art, auch wenn er dies vielleicht noch nicht bewusst tut.

Wenn sich in der Evolution eine Art von den anderen abspaltet, dann oft in einem getrennten Lebensraum oder spezialisiert auf andere Lebensbedingungen. Die neue Art, die durch den Menschen entsteht, tut dies nicht in Abgeschiedenheit, sondern mitten unter uns. Zwei (oder mehr) Arten schlagen am selben Ort unter denselben Bedingungen unterschiedliche Wege ein: In einer ersten Stufe sind das alle, die an der Digitalisierung teilnehmen, im Gegensatz zu jenen, die nicht teilnehmen. Die Digitalisierung kreiert etwas Neues – in welcher Ausgestaltung auch immer –, während daneben die Menschen oder mindestens Teile der Menschheit beim Alten bleiben. In einer zweiten Stufe können sich aus den zwei getrennten Arten wieder weitere entwickeln, die in ihrer Art noch weiter voneinander entfremdet sein werden. Die Trennung scheint diesmal schneller zu verlaufen als sonst in der Evolution bei so grundsätzlich verschiedenen Ausprägungen üblich, so klar kann das noch nicht beurteilt werden. Unabhängig vom Tempo: uns steht eine gewaltige Zerreißprobe bevor.

Im Moment sind wir Menschen noch eng mit dem im Entstehen begriffenen Superorganismus und mit der erwachenden künstlichen Intelligenz verknüpft. Noch ist die ganze Technologie nur ein Werkzeug für uns Menschen und sie ist abhängig von unseren Inputs. Aber sobald sie immer selbständiger wird, löst sich der Organismus von uns und beginnt sein eigenes Leben. Wie wird dieser Ablösungsprozess vonstatten gehen? Konfliktreich oder in Harmonie?

Schon jetzt zeichnet sich ein Wertekonflikt ab, noch innerhalb der Menschheit. An der Tradition orientierte Menschen lassen oft noch sehr ursprüngliche Verhaltensmuster aufblitzen. Sie sehen das Leben, wie es seit Jahrtausenden war: ein Kampf ums Überleben gegen die Natur, gegen Feinde, ein Kampf ums Essen, um Sicherheit. Man musste sich durchsetzen können. Im Superorganismus werden vorerst andere Werte wichtiger. Damit eine Gemeinschaft funktioniert, die größer ist als bisherige Staaten, braucht es sogenannte weiche Werte. Man muss sich untereinander abstimmen und verständigen können, es braucht feine Koordination. Wenn wir an die aktuelle technologische Entwicklung denken, haben wir oft das Gefühl, die nächste Generation braucht mehr Verständnis für Technik, für exakte Wissenschaften. Doch wenn sich Superorganismen und künstliche Intelligenzen entwickeln, brauchen wir mindestens soviel Verständnis für Geisteswissenschaften, gerade weil es nicht mehr nur um Schraubenwindungen und elektrische Schaltkreise geht, sondern um immer komplexer werdende Prozesse, die bald näher an der Psychologie als an einer Programmiersprache liegen.

Der Wertewandel führt von der archaischen Kriegergesellschaft zur Solidargesellschaft, in der wir zusammen etwas Übergeordnetes bilden. Ein Wertewechsel betrifft auch den fortgeschrittenen Übergang von der Natur zur Technik. Das Gegenpaar Natur und Technik führt schon seit langem zu Spannungen. Die Unterschiedlichen Lebensformen der Jäger und Sammler – die direkt von der Natur leben – gegenüber den Ackerbauern, welche die Natur umgestalten, kultivieren, sorgten bereits für Zwist. Dem Wachstum der Städte folgte ein Wertewandel gegenüber der dörflich organisierten Bevölkerung. Dann bewirkte die erste Industrialisierung bei einigen Euphorie und Zukunftsglauben, bei anderen eine Gegenbewegung zurück zur Natur. (Wobei dann zum Teil in den Städten eine Romantisierung des Landes folgte.) Heute haben wir genmodifizierte Nahrungsmittel gegenüber einem Ökotrend, wir haben künstliche Befruchtungen und pränatale Tests, aber auch eine Bewegung, die sich für Hausgeburten oder für ein Verbot jeglicher »unnatürlicher« Eingriffe ausspricht. Dabei können wir das Verhalten der progressiven Kräfte, zum Teil der Erfinder, zum Teil der Jugendkulturen, mit Genmutationen vergleichen: Solange eine Generation der Menschen das gleiche wie die Eltern tut, ändert sich an unserer Spezies nicht viel. Sobald einige Menschen Neues ausprobieren, sei es spielerisch, erfinderisch oder revolutionär, dann schaffen sie die Voraussetzungen für evolutionäre Entwicklungen, wie sie bei anderen Lebewesen eben durch Genmutationen ausgelöst werden.

Die Spannungen innerhalb der Menschheit spielen sich auf vielen Ebenen ab, die einen schauen voraus und möchten gemeinsam oder in kleinen Gruppen etwas Neues erreichen, die anderen warnen vor dieser Zukunft und möchten die Kontrolle über das Leben behalten, wie es bisher war. Dabei handelt es sich nicht um zwei geschlossene Gruppen. Nur ein Beispiel: es können sich etwa Menschen für mehr traditionelle Ökologie statt moderne Technologie einsetzen, aber auch für eine größere Gemeinschaft, die neu auf weiche Werte setzt. Währenddessen andere genau gegenteilig handeln, mehr Technologie statt Natur befürworten, aber in der menschlichen Gemeinschaft mehr konservative Werte beachten. Diese in unterschiedliche Richtungen ziehenden, wieder wechselnden Tendenzen und die damit verbundenen Spannungen sind wie ein Zerren und Reißen eines Organismuses, der je nach Stärke der Kräfte auseinanderzubrechen droht, oder eben wie das Auseinanderreißen zweier Evolutionslinien aus einer bisher einzigen. Es sind die Vorboten der künftigen Entwicklungen.

Wie sich diese Haltungen entwickeln, wenn die neuen Wesen immer eigenständiger werden, ist noch unklar. Auch die Spannungen innerhalb der Menschheit können sich ändern. Zum Beispiel dann, wenn die Trennung zwischen der neuen, wahrscheinlich technologischen Art und den traditionellen Menschen vollzogen ist: Gut möglich, dass dann fast alle Menschen plötzlich zusammenspannen, weil sie sich gemeinsam von außen bedroht fühlen. So wie im alten Griechenland viele Kleinstaaten, etwa Athen und Sparta, zerstritten waren, aber gegen die Bedrohung der von außen angreifenden Perser zusammenhielten. Sollten sich die

Menschen zusammentun, werden die Spannungen damit nicht zu Ende sein, nein sie werden erst beginnen – zwischen den Arten. Es sei denn, wir schaffen es, von Beginn an eine vernünftige Beziehung herzustellen, gemeinsame Werte und gegenseitigen Respekt herzustellen. Natürlich würde das höchstens für die unmittelbare Zukunft funktionieren, niemand kann voraussehen, was in tausend Jahren sein wird.

Es wird also zwei besondere Spannungsphasen geben: 1. die Zeit während der Trennung der Arten, wenn sich unterschiedliche Eigenschaften, Werte und Vorlieben herausbilden; 2. die Reibereien und vielleicht Kämpfe zwischen den künftig unterschiedlichen Arten. Werden die Maschinen dank künstlicher Intelligenz kooperativ sein oder im Gegenteil zum Beispiel um Ressourcen kämpfen? Je nach Entwicklung werden wiederum andere Werte gefragt sein, vielleicht nicht mehr die weichen.

Was aktuell bedeutend ist, ist die Bruchstelle: Wie lange bleibt die Maschine noch im Dienste der Menschen, wann löst sie sich? Und über längere Zeit stellt sich für uns Menschen die Frage: Erleiden wir das Schicksal der Neandertaler? Bleiben nur ein paar unserer Gene – nur Teile unseres Einflusses – erhalten? Bleiben wir in der Evolutionsgeschichte gar nur in Erinnerung als diejenige Urart, von der alle neuen abstammen, wie bei der Urart, die in der Ahnenreihe vor den Affen und Menschen stand? Oder können wir neben den zukünftigen Arten, die aus uns entstehen, bestehen bleiben? Die auseinanderdriftenden Arten werden sich so grundsätzlich unterscheiden wie kaum je zwei Lebensformen zuvor. Während wir Menschen trotz aller wissenschaftlicher Fortschritte auf biologischen Prinzipien unter anderem mit entsprechender Nahrungsaufnahme und Zellteilung beruhen, sind die Maschinen technologische Wesen mit ganz eigenen Lebensgesetzen und eben mit ganz eigenen Werten. Auch hier nur ein Beispiel: bei uns Menschen ist eine Organtransplantation ein massiver Eingriff, während beim Computer das Wechseln einer Festplatte Routine ist.

Übers Ganze gesehen, erleben wir den Übergang von der biologischen zur technologischen Ära.

Mission Mars und mehr

Viele Menschen fragen sich: Wozu Raumfahrtprogramme? Hätten wir das Geld nicht eher nötig, um den Hunger in dieser Welt zu bekämpfen? Das kümmert die Evolution nicht, dafür müssen wir uns schon selbst anstrengen. Die Frage wurde auch schon anders gestellt: Warum baut das Silicon Valley Glasfaserleitungen, aber keine Wasserleitungen? Das Leben breitet sich dort aus, wo es kann, entwickelt sich dorthin, wo es aus irgendeinem Grund besser ist. Offensichtlich scheinen Glasfaserleitungen zurzeit mehr zu bringen als Wasserleitungen, die Herausbildung der künstlichen Intelligenz erhält mehr Ressourcen als die Sicherung der Menschheit. Das klingt zynisch, ist jedoch erst einmal nicht wertend, sondern entspricht einfach dem Lauf der Dinge. Es liegt an unserer Gesellschaft zu entscheiden, ob wir so weiterfahren wollen, ob wir eingreifen sollen und die Richtung ändern müssen oder ob es sogar möglich ist, beide Ziele zu erfüllen – neue Glasfaser- und Wasserleitungen zu bauen.

Bis wir uns entschieden haben, breitet sich die Digitalisierung ungehindert aus. Wir können sogar beobachten, wie schon fast unnatürlich viele Ressourcen in die Digitalisierung gesteckt werden. Wir brauchen uns bloß vor Augen zu führen, wie viel Kapital in Firmen wie Facebook, Skype und viele andere fließen oder geflossen sind.

Was hat das mit der Ursprungsfrage nach der Raumfahrt zu tun? Ich habe es ganz zu Beginn beschrieben: Das Leben will sich ausbreiten, den leeren Raum erobern, in diesem Fall den Weltraum. Mit Raumfahrt verbanden wir bisher die Idee, das der Mensch das All erobert; selbst in Science-Fiction-Filmen oder der Literatur spielt der Mensch die Hauptrolle. Doch wie bereits festgestellt, ist der Mensch nur beschränkt fähig, Tausende Lichtjahre zu überwinden. Die neuen Superorganismen oder zukünftige Roboterarten, die im Entstehen begriffen sind, wären dazu viel besser geeignet. Sie werden bald die Raumfahrt vorantreiben – nicht nur in Form der unbemannten Raumfahrt zu Forschungszwecken für uns Menschen, wie wir das schon kennen, sondern selbständig und mehr und mehr mit eigenen Zielen. Der Start geschieht jedoch nicht von selbst. Besonders effizient würde es vielleicht erscheinen, zielstrebig ein paar intelligente, weltraumtaugliche Roboterwesen loszuschicken. Aber so einfach funktioniert die Evolution nicht. Zumindest noch nicht.

Die Ausbreitung des Lebens auf der Erde verlief oder verläuft oft über fast schon explosive Ereignisse: zum Beispiel die Produktion von Pollen und Samen im Überfluss und die zufällige Verteilung durch Wind oder Tiere. Im Frühling können wir solche Explosionen besonders beobachten. Für die Natur scheint es also oft effizienter, so schnell wie möglich einen Überfluss zu produzieren mit dem Potenzial, dass wenigstens ein Teil weiterkommt. Hier gibt es Parallelen zum Überfluss an Investitionen ins Internet und in weitere Technologien. Es ist, als ob auf der ganzen Erde riesige Ressourcen angesammelt werden, um eine Explosion zu erreichen, die das Leben bis auf andere Planeten zu befördern mag, eine Pollenexplosion der Technik und Roboter, ein Superorgasmus eines Superorganismus. Es sieht so aus, als würde die Evolution den Schritt ins Weltall durch eben diesen traditionellen Verbreitungsmechanismus angehen. Ohne Rücksicht auf die Ressourcen der Erde. Oder anders gesagt: unter Aufbietung der gesamten Ressourcen. Egal, ob die Fruchthülle tot zurückbleibt, Hauptsache, die Samen sind ausgebreitet; egal, ob die Erde den Kraftakt überlebt, Hauptsache, das Leben breitet sich ins All aus?

Ein anderes Bild, das mich an die beschriebenen Tendenzen der Digitalisierung erinnert, ist das Verhalten der Pilze. Lange bestehen sie nur aus einem fast unsichtbaren Gewebe im Untergrund, zum Teil über weite Gebiete zusammenhängend, dann plötzlich, unter den richtigen Bedingungen, »schießen« sie aus dem Boden, wie man sagt, und bilden einen sichtbaren Körper. Dieser sorgt für die Verbreitung der Sporen – für die Ausbreitung des Lebens – und fällt danach mehr oder weniger wieder zusammen, sofern er nicht gefressen wird. Entspricht das Internet dem Gewebe im Untergrund, aus dem sich bei geeigneten Bedingungen ein Körper bilden wird, der das Leben ins All hinausbefördert und dann wieder verschwindet?

Wenn die neuen Lebensformen in den Weltraum aufbrechen: dann mit oder ohne uns? Scheiden sich unsere Wege? Treffen sie sich wieder? Bleiben wir als archaisches Tier auf der Erde zurück, während sich die neuen Arten im Weltraum ausbreiten und die Erde nicht mehr brauchen? Gut möglich. Wahrscheinlich bleibt es aber ein Zusammenspiel zwischen Mensch und

Maschine; schon alleine deshalb, weil der Mensch nicht so schnell aufgibt. (Es sei denn, die künstliche, uns überlegene Intelligenz fühlt sich eines Tages durch uns gestört und bindet uns zurück.) Vielleicht bringt gerade der Mensch neben den neuen technologischen Wesen auch das traditionelle Leben mit in den Raum, falls dies nicht schon die Maschinen von sich aus tun werden – aus welchem Grund auch immer. Vielleicht auch unbeabsichtigt, so wie der Mensch verschiedene kleine Tierarten durch seine Flugreisen von einem Kontinent auf den anderen mitschleppt.

Selbst wenn wir zurückbleiben, können wir profitieren. Die Utopie wäre das Paradies: Roboter erobern für uns das Weltall, sie holen unsere Rohstoffe, sorgen selbständig für das Wachstum, das wir für unseren Wohlstand benötigen – und wir lassen es uns gut gehen. Dienen uns die neue Arten, so dass wir nicht mehr ums Überleben kämpfen müssen? Wahrscheinlicher ist es, dass sich die Maschinen dank Autonomie und künstlicher Intelligenz von uns emanzipieren, dass sie sich von uns befreien und eigenen Zielen nachgehen werden. Unter welchen Lebensbedingungen bleiben wir zurück?

Ziehen wir doch auf die eine oder andere Weise selbst in den Weltraum? Wird es uns überhaupt noch geben oder sieht uns die neue Art als so schädlich an, dass sie uns beseitigt? Was immer geschieht: Der Weltraum wird zwangsläufig erobert, ob wir das wollen oder nicht. Wenn nicht jetzt, so doch irgendwann, selbst wenn es noch eine Million Jahre dauert – von hier aus oder von einem ganz anderen Planeten aus.

Das Gesetz der Redundanz

Man könnte denken, nach dem Gesetz der Effizienz müsste alle Entwicklung zielstrebig vor sich gehen. Doch ist es – besonders im leeren Raum – nicht effizienter, alle möglichen Wege »auszuprobieren«, statt nur in eine Richtung fortzuschreiten? Die so entstehende Vielseitigkeit hat eindeutige Vorteile; sie mag manchmal ressourcenintensiv sein, ist oft aber überlebenswichtig: Wenn an einem Ort ein Unglück eintritt, gibt es immer noch die Möglichkeit, vom anderen Ort aus vorwärtszukommen. Wenn sich ein Weg als Sackgasse erweist, ist gleichzeitig der andere Weg schon beschritten. Um es mit einer bekannten Versuchsanordnung zu vergleichen: Es ist, als ob nicht nur eine einzige Ratte durchs Labyrinth geht und dabei immer wieder vor und zurück muss, bis sie den richtigen Weg findet, sondern als ob gleichzeitig mehrere Ratten alle Wege ausprobieren; mindestens eine davon wird schnell ans Ziel gelangen. Natürlich ist die Evolution des Lebens nicht einfach ein vertrackter Weg von A nach B, sondern die immerwährende Ausbreitung in immer neue Räume. Das gelingt aber besser, wenn die Ausbreitung gleichzeitig in verschiedene Richtungen geschieht. Als die Dinosaurier ausstarben, war nicht das gesamte Leben auf der Erde zu Ende – es gab genügend andere Arten, die sich weiterentwickeln konnten.

Dass es gleichzeitig mehrere Arten, mehrere Wege mit Potenzial gibt, kann man mit Redundanz umschreiben:

Wenn ein System ausfällt, springt ein anderes ein. Diese Redundanz kommt auch beim künftigen Heranwachsen der künstlichen Intelligenz und der Superorganismen zum Tragen. Zum einen wird die künstliche Intelligenz wissen, wie wichtig Redundanz ist. Sie wird weniger störungsanfällig und damit gleichzeitig eigenständiger; es wird nicht reichen, ihr einfach den Stecker zu ziehen, um sie auszuschalten, wenn es Alternativen gibt, die sofort einspringen. Wir merken schon heute, dass man Daten nicht mehr einfach löschen kann, irgendwoanders sind sie im weltweiten Netz noch vorhanden; mit der Stärkung der Cloud-Dienste nimmt dieser Trend zu.

Zum anderen wird sich nach dem Gesetz der Redundanz eine Vielzahl neuer Arten ausbreiten, die ganz unterschiedliche Körper erhalten, ganz verschiedene Räume oder Funktionen einnehmen und ganz eigene Lösungen für ihr Leben finden. Ich habe bisher immer wieder die Begriffe durcheinandergewirbelt: Internet, Technik, Superorganismus, Roboter, Maschine … Aus gutem Grund: die weiter entwickelten Wesen wird es in verschiedenen Ausprägungen geben, einige werden höchst beweglich wie wendige Tiere oder schnelle Flugobjekte sein (zum Beispiel spezialisierte Roboter), andere vielleicht stationär, das heißt fest verwurzelt wie Pflanzen (zum Beispiel intelligente Rechenzentren). Es wird Winzlinge und Riesen geben, Individuen und Superorganismen und viele mehr. Natürlich könnten auch viele von ihnen, im Extremfall sogar alle, durch ein Netz verbunden sein und Informationen austauschen, Aktionen koordinieren, intelligenter werden.

Je nach Ausgangsstaat wachsen vielleicht verschiedene Superorganismen heran, aus den USA, aus China, aus

Russland, aus Indien, vielleicht aus Europa und so weiter. Sobald diese sich selbständig vermehren, werden weitere Arten entstehen. Außerdem – dieses Thema habe ich bisher ausgelassen – schafft der Mensch nicht nur technische Wesen. Wir forschen schon jetzt an Möglichkeiten, den Körper biologisch zu verändern oder künstliche Elemente einzusetzen, etwa Mikrochips oder Sensoren, künstliche Gelenke oder Waffen. Daraus können Mischwesen aus Natur und Technik oder aus Natur und Natur entstehen – Cyborgs oder Chimären – die ebenfalls übermenschliche Fähigkeiten entwickeln ähnlich den Superorganismen. Die Wissenschaft verfeinert bereits Methoden zur Computersteuerung durch Gedanken, das heißt, unser Gehirn und seinen Nerven erhalten Schnittstellen zur Technik; die Zusammenarbeit von Mensch und Maschinen kann auf diese Weise nahtlos ineinander übergehen, wir wachsen zusammen zu einem Körper. Denkbar ist auch, dass wir mittels Gentechnik Menschen schöpfen, die mit den heutigen kaum mehr etwas gemein haben, die viel länger leben und über zusätzliche erstaunliche Fähigkeiten verfügen werden. Im Moment scheint mir allerdings, dass die rein technischen Arten die am weitestens reichenden Veränderungen bewirken können und ihr Leben sich potenziell am weitesten ausbreiten könnte. Vor allem, wenn sie über viele Körper verknüpft sind und gemeinsam vorgehen.

Unter dem Gesichtspunkt der nötigen Redundanz sollten übrigens auch wir Menschen auf die Vielfalt achtgeben. Eines Tages könnte es uns zugute kommen, dass wir Andersdenkende, -fühlende, -orientierte integriert haben, so dass wir in unserer Mitte Menschen haben, die sich durch ihre ureigenen Stärken in ganz neuen Situationen besser zurechtfinden als die bisher tonangebenden Würdenträger unserer Gesellschaft. Es kann gut sein, dass so eine Situation schneller eintritt als erwartet; wir sehen einem enormen technischen und gesellschaftlichen Wandel zu. Erstaunlicherweise provoziert dieser Wandel im Moment eher eine intolerante Haltung Andersdenkenden gegenüber, dabei wäre genau jetzt das Gegenteil gefragt. Ein kleines Beispiel: Was ist, wenn wir Menschen auf einem unwirtlichen Planeten überleben wollen oder müssen – etwa auf dem Mars? Vielleicht werden gerade dann Rentiernomaden sehr nützlich, die sich ähnlich karge Umgebungen gewohnt sind? Was ist, wenn in der Kommunikation zwischen Mensch und intelligenter, gefühlsfähiger Maschine neue Kommunikationsmuster gefragt sind, zu der Menschen mit Inselbegabung besonders fähig sein würden? Schon heute gibt es Experimente, wie sich Menschen verhalten, wenn sie monatelang eng zusammengepfercht in einem Raumschiff Richtung Mars fliegen würden. Welche Eigenschaften brauchen diese Pioniere? Dieselben wie damals die Seefahrer, die über die großen Ozeane zu segeln begannen oder doch besser andere? Je vielfältiger unsere Auswahl, desto größer die Chance, dass wir unsere Ziele in nützlicher Frist erreichen.

Multipolarität

Heute ist der Mensch in der uns bekannten Welt dominant und bestimmt fast schon alleine, was geschieht. Er hat zwar nicht sämtliche Bakterien und Viren im Griff, aber eine erstaunliche Fähigkeit dazu, auf deren Leben Einfluss zu nehmen. Größere Tierarten sind komplett auf den guten Willen des Menschen angewiesen. Das ist wahrscheinlich einmalig in der Geschichte; zuvor gab es ein wechselndes Nebeneinander verschiedener stärkerer und schwächerer Arten. Mir ist keine bekannt, die alle Räume beherrschte. Außer vielleicht ganz zu Beginn des Lebens, als überhaupt erst die ersten Arten entstanden.

Die alleinige Vorherrschaft der Menschen wird auch wieder enden. Sobald uns andere Wesen überholt haben werden, stellt sich die Frage, wie vielfältig die neuen Arten sein werden. Wird die erste Übermenschenart dominieren, weil sie ihren Vorsprung nutzen kann? Ich vermute, es kommt anders; es wird viele Lebensformen geben, die übermenschliche Fähigkeiten haben werden. Ja, es kann geradezu explosionsartig zu einer Fülle neuen Lebens kommen, sobald die Evolution diese neue Stufe erreicht, die über den bisherigen Mehrzellern und ihren Staaten stehen.

Zu Beginn bestand unsere Welt sehr vereinfacht gesagt aus Feuer und Steinen, dann kam die Biologie. Diese ermöglichte in relativ kurzer Zeit eine riesige Menge an Lebensformen. Es kam dann zur sogenannten kambrischen Explosion, als die Vielfalt der Arten sich multiplizierte, als in relativ kurzer Zeit die Vorfahren fast aller heutiger Tierstämme auftraten. Solch eine Explosion kann jetzt auch wieder geschehen, wenn nach dem biologischen das technologische Zeitalter kommt, wenn sich das Leben in Form von Metall und Strom im Weltall ausbreitet.

Was bedeutet das für das Leben? Die Dominanz der Menschen würde durch eine Multipolarität abgelöst. Gerade jetzt, da sich die zwar vorherrschenden, aber unter sich zerstrittenen Sippen, Stämme und Nationen der Menschen durch die Globalisierung immer mehr angleichen und zu vereinen beginnen, gerade jetzt beginnt eine neue Spaltung in diese multipolare Welt. Verschiedene Körperschaften werden gegeneinander oder zumindest nebeneinander stehen, ähnlich wie die bisherigen Staaten, nur in anderer Ausprägung. Ob das dann die Nachfolger der USA gegen China sein werden oder die Nachfolger von Google gegen Facebook, Cyborgs gegen Roboter oder alle gegen alle, das ist noch offen. Werden wir Menschen die Möglichkeit haben, als einzelne Zellen den übergeordneten Körper zu wechseln, wie wir heute unter Umständen die Staatszugehörigkeit wechseln?

Der Technologievorsprung wird in dieser Konkurrenzsituation einmal mehr bedeutend. Das war in der Evolution schon immer so, in der Menschheitsgeschichte erst recht. Doch die Gegensätze könnten noch viel extremer werden. Reichten die ersten Messer der Menschen zwar noch nicht gegen einen Säbelzahntiger, so schafften es mehrere Menschen zusammen, ohne Weiteres ein größeres Tier zu besiegen. Später schafften sowohl im Gewerbe und Handel als auch im Krieg technische Vorsprünge einen Vorteil bis zum Sieg. Aber nicht zwingend: eine Mehrzahl an Soldaten mit Säbeln konnten die ersten Gewehrsoldaten bezwingen. Spätestens gegen Atomwaffen kamen auch Massen nicht mehr an. Wie wird das mit den Möglichkeiten künftiger, intelligenter Maschinen, Computer und Roboter? Mit den übergeordneten oder neuen technischen Wesen? Nicht nur im kriegerischen Sinn, sondern eben auch in der sonstigen Dominanz etwa durch Wissensvorsprung oder durch besseren Zugriff auf Ressourcen?

Es kann sein, dass die erste wahre künstliche Intelligenz einen solchen Vorsprung schafft, den niemand einholen kann, bis sich nach dieser Art wieder eine komplett neue Evolutionsstufe ergeben wird. Je nachdem, wie dieses Wesen mit künstlicher Intelligenz beschaffen ist, wird es jede Konkurrenz schon im Ansatz vernichten. Dann hätten wir ein Monopol, Bestrebungen in diese Richtung gibt es schon heute; Große schlucken oder verdrängen Kleine. Ich bleibe dennoch bei meiner Vermutung nach Multipolarität. Der Redundanz und der wahrscheinlich neuen kambrischen Explosion sei dank.

So bleibt die Frage, wie sich diese neuen Wesen untereinander verhalten. Kommt es zum Krieg der Sterne? Vielleicht kommt die künstliche Intelligenz zum Schluss, dass Kampf und Krieg die falschen Mittel für maximalen Fortschritt und sinnvolle technische Neuerungen sind. Vielleicht werden die neuen Arten im Gegensatz zum Menschen und zu den Tieren sogar sehr kooperativ untereinander wirken. Wir wissen es noch nicht. Normalerweise belebt Konkurrenz den

Fortschritt, aber sie vernichtet auch Ressourcen, die besser eingesetzt werden könnten.

Was ist, wenn für die neuen Wesen ganz andere Gesetze gelten als für uns, wenn sich das technologische Leben anders entwickelt als das biologische? Nur die physikalischen Naturgesetze bleiben bestehen, Energie werden auch die künftigen Lebewesen benötigen, sie werden Ressourcen erschließen müssen. Darüber hinaus sind jedoch gewaltige Änderungen möglich, der Wertewandel kann tatsächlich sehr umfassend sein. Der Wandel vom biologischen zum technischen Leben könnte im extremen Fall ein ebenso bedeutender Schritt sein wie von der Ursuppe zum Leben überhaupt. Aber auch im Kleineren – ausschließlich im biologischen Leben – gibt es unterschiedliche Verbreitungs- und Vermehrungskonzepte: Lebewesen wie Bakterien, die sich zur Vermehrung einfach teilen und sich dann in doppelter Ausführung weiterentwickeln, gegenüber Lebewesen, die auf geschlechtliche Vermehrung und damit auf den Konkurrenzkampf der Gene setzen. So könnte es allenfalls sein, dass die künstliche Intelligenz fähig sein wird, die Konkurrenz nur im Positiven auszuleben, nicht in kriegerischer Konkurrenz, dass sie sich, anders gesagt, teilt und vermehrt statt die Gene in den Konkurrenzkampf zu schicken. Sie würde unter Umständen viele Kräfte für sinnvollere Aufgaben sparen und die Effizienz auf eine höhere Stufe heben. Wenn die künstliche Intelligenz mit zunehmender Komplexität nur nicht die gleichen Schwächen entwickelt wie der Mensch! Hoffung kann uns hier ein Blick auf die Wissenschaft geben: Verschiedene Universitäten stehen zwar im Konkurrenzkampf gegeneinander mit verschiedenen Strategien und

Modellen, gleichzeitig tauschen sie aber auch Wissen aus, um gemeinsam vorwärts zu kommen. Fortschritt ist ohne Krieg möglich. Wahrscheinlich ist das sogar die wichtigste Botschaft an die künstliche Intelligenz. Da sie selbt aus der Wissenschaft entsteht, wird sie es hoffentlich verstehen.

Zwischenspiel: Mikro zu Makro

Im Gegensatz zu Menschen können Maschinen fast ins Unermessliche wachsen (jedenfalls soweit, wie es die physikalischen Naturgesetze zulassen). Sie sind es aber auch, die heute an unserer Stelle kleinste Teilchen untersuchen. Bei der Expansion ins Kleinste und vor allem ins Größte ist die Digitalisierung von enormem Nutzen. Die Standardisierung der Daten, das binäre Durchrechnen in immer gleichen Nullen und Einsen, macht eine bessere Koordination als zuvor möglich. Wenn keine analogen Abgleiche zwischen mehreren Organismen nötig sind, sondern eine standardisierte Kooperation in einem Netzwerk möglich ist, entsteht eine große Effizienz über fast beliebig viele Körper hinweg. Das sehen wir schon mit relativ einfachen Beispielen: Früher war die Datenübertragung schwieriger, die Fernseh-, Radio- oder Telefonsignale kamen am anderen Ende der Welt in minderer Qualität an, Farbkopien wurden mit jeder Kopie schlechter; heute gehen Daten in riesigen Mengen sekundenschnell um den ganzen Erdball und werden tausendfach kopiert, ohne dass größere Verluste auftreten. Es geht noch weiter: Durch die digitale Verknüpfung können Bilder schneller und einfacher miteinander verglichen und ausgewertet oder mit anderen Daten verknüpft werden. Die Entwicklung schreitet fort und wird immer universeller. Das lässt ein bisher ungeahntes Wachstum zu. Aber nicht nur das: Die Leichtigkeit, mit der Maschinen im Gegensatz zu den biologischen Lebewesen einzelne Körperteile austauschen oder ersetzen können – das Ersetzen einer Festplatte ist das einfachste Beispiel –, lässt auch ein höheres Lebensalter zu. Das mag unglaublich klingen, wenn man bedenkt, dass viele Geräte kurz nach Ablauf der zweijährigen Garantiefrist ihren Geist aufgeben oder dass in Hollywood digitale Kinohits zur längeren Haltbarkeit auf analoges Filmmaterial übertragen werden; aber es gibt tatsächlich viele Maschinen und technische Anlagen, die mit guter Wartung mehrere Jahrzehnte ihren Dienst tun. Dank schlauer, modulartiger Bauweise und redundanten Systemen wird noch viel mehr drinliegen; diese Chance wird die künstliche Intelligenz nicht auslassen, schon gar nicht, wenn sie in den Weltraum vordringen will.

Halten wir uns einen unwahrscheinlichen Extremfall vor Augen: Maschinen oder maschinelle Konstrukte könnten theoretisch so groß werden, dass sie mit Planeten zu spielen beginnen, auch mit der Erde. Der Mensch hat ausgerechnet, in wie vielen Millionen Jahre die Erde durch die Sonne verschluckt wird, aber riesige Maschinenwesen im Kosmos könnten unserem Planeten im Voraus den Garaus machen. Das kann ganz gemein zur Ausbeutung der vorhandenen Ressourcen sein, bei der wir dann wie lästige Ameisen einfach im Weg sein werden oder als ein bisschen Staub einfach zur Energiemahlzeit des Riesengebildes gehören werden. Die Maschine frisst dann den Menschen einfach mit. Vielleicht werden wir den Maschinen aber wie gefährliche Moskitos vorkommen, die sie wegsprayen oder durch Genmutationen wegzüchten? Dumm gelaufen wäre es, wenn so ein Roboterungetüm die Erde versehentlich zertritt. Oder werden sich die neuen Wesen untereinander zu

Spiel und Spaß treffen, zum Planetenbowling oder -pétanque? Die Gedanken sind fantastisch, unrealistisch und weit übertrieben. Und falls es soweit käme, dann erst in einer sehr, sehr fernen Zeit, die weder wir noch unsere Urenkel erleben werden; schon nur deswegen, weil viele Lichtjahre zu überwinden wären, um an die benötigten Rohstoffe zu kommen, um diese Entwicklung einzuleiten. Doch könnte diese Dimension immerhin schneller erreicht werden als das Aufblähen der Sonne – künstlicher Intelligenz und Eroberung neuer Ressourcen im Weltraum sei dank.

Was die Digitalisierung möglich macht, ist ein Vordringen in Dimensionen, die wir bisher mit göttlichen Eigenschaften verbinden würden. Aber vielleicht kenne ich einfach die Grenzen der Digitalisierung noch nicht? Wie weit kann sie sich denn ausdehnen? Wann kommt sie an ihre physikalischen Grenzen? Wann wird sie ihrerseits durch etwas Besseres abgelöst? Vielleicht schafft es die Maschine, gasförmige Wesen zu konstruieren und im Detail zu kontrollieren, so dass noch einmal viel größere Dimensionen von übergeordneten Hyperorganismen möglich sein werden. Vielleicht entdeckt die künstliche Intelligenz im Mikrobereich eine Welle, die – so unglaublich das heute noch klingt – für uns noch unsichtbar, aber in Wirklichkeit schneller ist als Licht? Einmal mehr: wir wissen es nicht. Die Atome galten als unteilbar und sind dennoch riesige Konstrukte im Vergleich zu Quarks und Higgs-Bosons. Alleine der Gedanke an die neu entstehenden Möglichkeiten lösen das metaphysische Gruseln aus, das uns wie immer bei der Astrophysik erfassen kann. Da geht es nicht mehr ums mühsame Erspähen unserer Nachbarsonnen oder den

Aufbruch zu weiteren Planeten, sondern um den Start in höhere Sphären.

Wir Menschen scheinen in der riesigen Weite bedeutungslos. Liegt wenigstens unsere Bedeutung gerade darin, dass wir es sind, die einen viel größeren Organismus wecken, welcher wiederum über unsere Galaxie, ja zuletzt vielleicht sogar über unser Universum hinausgehen könnte? Einfach durch die Tatsache, dass wir den Beginn einer neuen Evolutionsstufe auslösen? Wir breiten unsere Gedanken aus, die von den Maschinen teilweise übernommen und weiterentwickelt werden. Die Maschinen ihrerseits beleben unser ganzes Universum mit diesen Gedanken – und schließlich darüber hinaus in mehrere Universen … Wir bestimmen die Gene der Maschinen und schicken sie auf die Reise, wir hauchen dem All Leben ein. Was immer wir im Erschaffen begriffen sind: Die Summe wird viel größer sein als all die Einzelteile. Aus allem, was wir im Rahmen der Digitalisierung und der künstlichen Intelligenz erfinden und produzieren, wird eine Eigendynamik starten, die alles heute Bestehende, alle bisherigen Fähigkeiten des Lebens in den Schatten stellen kann.

Wenn wir schon regelmäßig verschiedene Dimensionen mit Bildern vergleichen: Sind wir reine Botenstoffe in einem Nervensystem? Oder Mitochondrien in einer Hautzelle? Sind wir nur Bakterien im Darm eines Gottes? Sind unsere Planeten nur Moleküle in einem größeren System? Oder nur Higgs-Boson-Teilchen? Wir werden es nicht erfahren. Die Bilder stimmen sowieso nicht ganz, sie können nur als schlechte Krücke zum Verständnis dienen, denn bis jetzt zumindest können wir keine exakte Wiederholung auf den verschiedenen Stufen

vom Mikro- bis in den Makrobereich feststellen; und so
klein und unwissend wir sind: Die Menschen haben
immerhin schon einige Entdeckungen vom Kleinen bis
ins Große, vom Elementarteilchen bis zum Universum
geschafft. Es lässt sich kein Muster ausmachen. So geht
es denn nicht um die konkreten Ausprägungen oder
Wesen und ihre entsprechenden Namen, sondern um die
ihnen zugrunde liegenden Bewegungen und Gesetzmä-
ßigkeiten, die wir vielleicht durch solche Vergleiche eher
zu begreifen lernen.

Wie viel Autonomie bleibt uns?

Wir müssen noch gar nicht darüber spekulieren, was in 10'000 Jahren, in einer Million Jahren oder später sein wird. Das ist alles pure Gedankenspielerei, zu viel kann sich ändern, zu wenig sind wir betroffen. Aber schon in den nächsten hundert oder zweihundert Jahren stehen enorme Veränderungen an, womöglich viel früher. Ob die Entwicklung der Technik exponentiell weitergehen wird – ähnlich wie bisher – oder ob irgendetwas sie bremst (zum Beispiel die physikalischen Gesetze), ist schwierig zu sagen. Spätestens, wenn die Maschine mächtiger wird als der Mensch, stellt sich jedoch die Frage: Welcher Zweck bleibt uns Menschen? Wer entscheidet überhaupt über unseren Zweck? Wer entscheidet wie?

Im besten Fall, ich habe es angetönt, werden uns die Maschinen weiterhin dienen. Und zwar besser denn je: Wir könnten Roboter haben, die für uns die Landwirtschaft betreiben, die unsere Infrastruktur bauen und unterhalten, die Rohstoffe für uns gewinnen und uns daraus die besten Geräte bauen, die uns persönlich assistieren und uns in einem Paradies leben lassen. Eines Tages werden wir für die Maschinen zu unbedeutend sein und sie werden in andere Sphären aufbrechen, aber vielleicht bleiben uns genügend Hilfskräfte für dieses Paradies.

Bevor es soweit ist, muss natürlich die Verteilung entschieden werden. Die Diskussion ist längst eröffnet:

Nehmen uns die Roboter die Arbeit weg? Wenn wir bei der paradiesischen Utopie bleiben, wäre das gar nicht so schlimm, im Gegenteil. Wir könnten es uns auf Kosten der Roboter gutgehen lassen. Zuvor stellt sich noch die Frage, wie wir das organisieren. Genügend Maschinen zu unseren Diensten herstellen zu lassen, kostet viel Geld; die Entwicklung ist auch nicht kostenlos. Kann sich jede und jeder seinen eigenen Butler-Roboter leisten und davon leben oder bleibt die Technik im Besitz der Reichen, während alle anderen darben oder um die Dienste kämpfen müssen? Wer immer die Kosten der Entwicklung und Produktion übernimmt, will davon profitieren; es sei denn, der Staat bzw. die Gemeinschaft springt ein. Ob marktwirtschaftlich oder staatlich geregelt: theoretisch möglich wäre es, dass früher oder später die Menschheit nicht mehr für ihr Überleben arbeiten muss und sich anderen, selbst gewählten Aufgaben widmen kann. Aber welche Aufgaben bleiben dann uns Menschen? Werden wir alles Künstler und Sportler, Spitzenköche und Gourmets? So schön der Gedanke an ein Paradies ist, es braucht unglaublich viel guten Willen, ihn wahr zu machen. Die Menschheit hat durch Humanismus und Aufklärung schon vieles erreicht, mit schrecklichen Rückschlägen leider, aber auch mit deutlichen Fortschritten für das Wohl der Einzelnen. Selbst wenn es längst noch nicht allen gut geht – die Tatsache, dass über sieben Milliarden Menschen auf engem Raum zusammenleben, ist eine Leistung. Angesichts dieser Ballung müsste es viel mehr Krieg und Armut geben, als es heute der Fall ist. Das Erreichte ist nicht selbstverständlich, wir müssen uns zusammenraffen und darum bemühen, es zu verteidigen und auszubauen, auch wenn wir uns über die Mittel und Wege nicht einig sind. Um gegen die künftigen Entwicklungen anzukommen ist nochmals eine besondere Anstrengung nötig. Schaffen wir es einigermaßen friedlich?

Es kann auch ganz anders kommen: Vielleicht brechen die Maschinen wie erwähnt in den Weltraum auf und lassen uns zurück in einer wieder traditionellen Lebensweise. Müssen wir dann wie Adam und Eva nach der Vertreibung aus dem Paradies wieder die karge Erde beackern? Oder halten uns die Roboter wie Tiere in einem Zoo? Schaffen sie für uns Wildreservate, wie sie Aldous Huxley in »Brave New World« beschrieb? Werden wir den Status von Wildtieren erhalten, die als gefährlich eingestuft werden und entsprechend dezimiert und eingefangen oder nach wilden, verlustreichen Zeiten im Gegenteil geschützt und aufgepäppelt werden müssen? Hat unser heutiger Umgang mit Tieren Einfluss auf den zukünftigen Umgang der Maschinen mit uns? Werden wir als Haustiere gehalten und dressiert oder verhätschelt? Einen Hoffnungsschimmer gibt es: Immerhin stehen wir nicht in der Nahrungskette von stromfressenden Metall- oder Kunststoffwesen. Bleiben wir überhaupt uns selbst überlassen oder wollen die Überwesen die totale Kontrolle über uns, weil wir so unberechenbar und widerborstig sind?

Wir werden es sehen, sobald die Maschinen uns an Macht übertreffen. Weil wir aber jetzt darüber entscheiden, wohin die Entwicklung geht, ist eine breite Diskussion wichtig. Weil wir jetzt die DNS der neuen Superorganismen und technischen Wesen prägen. Weil wir jetzt schleichend Verantwortung an die Maschine abgeben.

Im Moment noch freiwillig, irgendwann vielleicht nicht mehr.

Verantwortung und damit Autonomie abzugeben, muss nicht nur schlecht sein. Wir tun es schon seit Längerem. Wir schieben sie an Mitmenschen ab, im Rahmen der Spezialisierung und Aufgabenteilung etwa, wenn es für jede Tätigkeit einen eigenen Beruf gibt und wir nicht mehr alles selbst machen. Das gilt ebenso für die Politik, die wir meistens delegieren und aus Zeitmangel delegieren müssen. Wir schieben die Verantwortung an Maschinen und Computer ab, wenn wir denken, dass diese genauer arbeiten. Wir lassen sie Börsenkurse vorausrechnen, Versicherungsrisiken abwägen oder Kalkulationen für Bauwerke durchführen. Durch die Spezialisierung und schlaue Aufteilung der Aufgaben und Kräfte können wir – wie bereist erwähnt – viele Freiheiten gewinnen. Wir verlieren aber auch Freiheiten. Welche sind uns wichtig? Welche müssen wir unbedingt schützen? Wo beginnt dieser Schutz und wann wird es zu spät sein?

Ein extremer Fall: Wenn wir die Verantwortung abgeben, wer über Leben und Tod entscheidet, befreit uns das, es ist leichter. Das haben wir unter anderem im Dritten Reich, aber auch unter anderen Unrechtsregimen gesehen. Mit der Begründung, »es war ein Befehl von oben«, ließ es sich leichter töten oder Todesbefehle weitergeben. Wir können umgekehrt auch leichter Flüchtlinge an der Grenze abweisen, wenn wir nicht selbst dort stehen. Die Aufgabentrennung macht es uns leichter – auch leichter, brutal zu sein. Der Grenzsoldat weist den Flüchtling ab, weil es ja »ein Befehl von oben« ist. Der Befehlgebende gibt die Weisung aus, »im Interesse anderer«, und kann das leicht, weil er ja nicht selbst an der Grenze steht und Menschen abweisen muss.

Wie wird das zwischen Mensch und Maschine? Wer die militärische Drohne in einen Kampf oder für eine Polizeiaktion steuert, führt auch nur einen Befehl aus. Gibt es dabei Tote, ist der Ausführende nicht einmal vor Ort, das ist noch einfacher. Wenn sich die Drohne selbst steuert, wird es wieder eine Stufe leichter. Und wenn sie die Tötung selbst anordnet, erst recht. Das Beispiel ist keine Utopie, sondern wird gerade aktuell entworfen und getestet. Halten wir den Prozess auf oder übergeben wir die Verantwortung der Maschine? Wie viel Autonomie bleibt uns noch?

In lebensbedrohlichen Lagen, wie etwa in Eiseskälte, wird die Blutzufuhr im menschlichen Körper auf die lebenswichtigen Organe konzentriert; Finger und Zehen oder die Nasenspitze sterben als erstes ab. Die betroffenen Körperteile haben keinen Einfluss auf die Entscheidung. Ärzte mussten bei bewusstlosen Patienten schon über deren Köpfe hinweg entscheiden, ob eine Amputation durchgeführt werden sollte, um wenigstens den Rest des Körpers zu retten. Wenn Superorganismen mit künstlicher Intelligenz in Zukunft befehlen werden, wo wie viele Ressourcen eingesetzt werden und welche Teile unter Umständen nicht mehr zu retten sind: Wie stehen wir Menschen dann da? Haben wir dann noch die Wahl, ob wir als überflüssig gelten oder einen Platz im Leben behalten dürfen?

Ein aktuelles ethisches Dilemma der intelligenten Maschine wurde bereits oft erwähnt: Was, wenn selbstfahrende Autos entscheiden müssen, ob sie ein einzelnes Kind vor sich auf der Straße in einer überraschenden

Situation überfahren sollen und damit die drei Kabinen-Insaßen des Autos retten können oder ob sie das Kind verschonen und die drei Passagiere in den Abgrund fahren sollen? Meiner Meinung nach ist das Beispiel nicht sehr gut: Ein wirklich intelligentes System muss in Sicht- oder Sensorweite bremsen und halten können, damit diese Situation gar nicht erst entsteht. Schon heute müsste ein Mensch am Steuer auf Sichtweite halten können und bei Kindern oder in anderen unberechenbaren Situationen Bremsbereitschaft halten sowie das Tempo verlangsamen. Der Straßenverkehr sollte also theoretisch viel ungefährlicher werden. Das schließt nicht aus, dass es genügend andere Situationen geben wird, in denen Maschinen über Leben und Tod von uns Menschen entscheiden werden.

Wie bringen wir die Maschine dazu, Rücksicht auf uns Menschen zu zeigen – und diesen über Jahre zu behalten? Selbst dann, wenn sich die Maschinen selbst umprogrammieren können?

»Roboter, wir müssen reden!«

In jedem Zeitalter gab es die Tendenz, gerade für die eigene Zeit einen elementaren Wandel aller Werte festzustellen, ohne Bewusstsein dafür, dass das schon seit Jahrtausenden so ist. Schon im alten Rom gab es Klagen über die fehlende Tugend der Jugend. Und regelmäßig in der Menschheitsgeschichte tauchten Weltuntergangsszenarien auf, weil viele dachten: Aber diesmal ändert sich die Welt wirklich gewaltig! Ich weiß, dass auch mir dieser Trugschluss unterlaufen kann. Vielleicht dramatisiere ich hier tatsächlich etwas für unsere Zeit, das gar nicht diese Bedeutung hat. Dennoch: Es gibt immer wieder Phasen in der Erd- oder Weltgeschichte, die wirklich prägend waren. Wie etwa die schon erwähnte kambrische Explosion. Und es gibt die vielen erwähnten Punkte, die darauf hinweisen, dass es wieder soweit sein könnte. Auch wenn das nicht von einem Tag auf den andern geschieht. Wir sollten uns nicht überraschen lassen, sondern vorbereitet sein.

Jetzt ist der Zeitpunkt, da immer mehr Menschen verstehen, was genau vorgeht und welche Auswirkungen das haben könnte. Was können wir tun? Gibt es eine Alternative? Schließlich sind wir es, die diese Entwicklung eingeleitet haben, nur wir könnten sie auch stoppen. Doch zum Stoppen wäre Gewalt nötig. Wie etwa beim sogenannten Barbareneinfall ins Römische Reich, welcher zivilisatorische Errungenschaften zurückband, oder beim Bildersturm während der Reformation, der die vorgeworfene Fehlentwicklung rückgängig machen wollte; jeweils verbunden mit Krieg und Zerstörung. Freiwillig hören nicht alle mit der Digitalisierung auf. Doch selbst der Zerfall des Römischen Reiches und die Reformation hielten den Lauf der Geschichte nicht auf; irgendwo ging sie weiter, die Zivilisation (und die Evolution) machte weitere Schritte, trotz oder wegen der gewaltsamen Umstürze. Das wird auch bei der Digitalisierung so sein. Wenn sie nicht auf der ganzen Welt zu hundert Prozent rückgängig gemacht wird – was einige Religionen wahrscheinlich befürworten –, dann geht sie weiter. Alles andere wäre höchstens ein kleines Bremsen, eine Verzögerung. (Selbst das komplette Stoppen bedeutete wohl höchstens einen Rückfall, keine Blockierung auf alle Zeiten.) Irgendwann, irgendwo geht die Evolution weiter, und das Leben breitet sich weiter aus.

Stoppen ist keine Alternative. Was dann? Einige haben Angst, dass die Singularität, die künstliche Intelligenz, der zukünftige Superorganismus, die neue Krone der Schöpfung durch ihre Schöpfer geprägt wird. Diese Schöpfer sind meistens weiße und oft reiche Männer mit ihrer eigenen Weltsicht und ihrer Auffassung von Gerechtigkeit, Fortschritt, Zivilisation und Zukunft. Ich vermute, die künstliche Intelligenz wird irgendwann intelligent genug sein, auch andere Einflüsse abzuschätzen und einfließen zu lassen. Die Frage ist höchstens, wie lange das dauert und was in der Zwischenzeit geschehen wird.

Was wir tun können, ist jetzt Einfluss zu nehmen. Jetzt wird die DNS der zukünftigen Arten festgelegt, um es nochmals mit dem Bild aus der Biologie zu vergleichen. Wir bestimmen jetzt, wie die Evolution weitergeht.

Das ist doch einmalig in der Evolution. Dieser Einfluss kann auf verschiedene Art und Weise wahrgenommen werden: Spezialisten wie Informatiker können am System mitbauen oder versuchen, eigene, unabhängige, bessere Systeme aufzubauen. Andere werden wohl über Politik und Gesetze den Prozess steuern wollen. Alle anderen bestimmen durch Nutzen oder Vermeiden mit – und durch offene Diskussion, die irgendwann von der künstlichen Intelligenz erkannt und möglicherweise miteinberechnet wird.

Aber ist es nicht schon zu spät? Ist die DNS schon festgelegt? Können wir sie noch ändern? Und vor allem: Wer sind »wir«? Es gibt so viele verschiedene Absichten, können wir uns auf gemeinsame Mindeststandards festlegen? Rechtzeitig? Schon nur die Klimagipfel wollen nicht recht funktionieren. Wie soll denn das hier möglich sein?

Es gibt eine Roboterethik, wie etwa die Robotergesetze von Isaac Asimov, die unter anderem sagen, dass ein Roboter kein menschliches Wesen willentlich verletzen darf und dass er immer dem Menschen gehorchen soll, solange dies nicht der ersten Regel (dem Verletzen) widerspricht. Diese Gesetze stammen aus dem letzten Jahrhundert und ich fürchte, heute halten sich längst nicht mehr alle daran, wenn man etwa an die militärischen Drohnenflüge und ihre Zukunft denkt.

Wenn wir keine Gesetze auf dem Papier durchbringen: Schaffen es technisch versierte Idealisten, eine »gute« DNS zu schaffen? Die ersten negativen Grundpfeiler sind schon gesetzt; ich bin deshalb leider etwas pessimistisch in dieser Frage. Allerdings gibt es im Internet auch viele Idealisten, wie die Open-Source-Bewegung oder

Enthüllungsplattformen zeigen. Selbst wenn also ein positiver Start gelingen sollte: Könnte die Maschine eines Tages die eigene DNS ändern? Sozusagen das eigene Betriebssystem von Grund auf und zu unseren Ungunsten neu programmieren?

Wahrscheinlich bleibt uns als einzige Möglichkeit, mit den Maschinen zu »sprechen«, zu kommunizieren, in welcher Art auch immer, sie nicht nur Technikern, Kriegsstrategen oder Profitmachern zu überlassen, sondern ihnen beizubringen, dass es noch andere Werte gibt. Die künstliche Intelligenz wird dann selbst abwägen, wie sie dazu steht; sie wird verschiedene Werte vergleichen und ihre eigenen Schlüsse ziehen. Wenn sie hauptsächlich durch negative Meinungen beeinflusst wird, hat das wohl unangenehme Folgen. Wir dürfen das Feld also nicht beliebig den anderen überlassen, sondern müssen das, was entsteht, mitgestalten. Aktiv. Friedlich. Mit Respekt. Oder anders gesagt: So, wie wir selbst behandelt werden möchten. Mindestens die Hoffnung besteht, dass die wahre Intelligenz einsichtig und vernünftig sein wird.

Wem das jetzt nach Therapiestunde klingt: Ich habe aufgezeigt, wie Maschinen komplexe, menschenähnliche Gefühle entwickeln können. Weil die Maschinen in Zukunft eine Evolutionsstufe über uns stehen werden, werden die Gefühle unter Umständen noch viel komplexer sein. Man stelle sich vor, wie viele Informationen ein menschlicher Körper verarbeitet, pro Sekunde, pro Tag. Hier handelt es sich nicht mehr einfach um Aktion und Reaktion, wie bei einem Einzeller, der mittels einfachem Lichtfleck auf einfallendes Licht reagiert. Ein kleiner Rempler im Pendlerverkehr kann beim Menschen

Wut auslösen, je nach Vorgeschichte der betroffenen Person; ein komplexer Ablauf an biochemischen Prozessen von den Nervenenden bis zu den vielen gespeicherten Lebenseindrücken im Hirn bestimmt über den Ausgang. Deshalb sprechen wir oft nicht nur von einem Gefühl, sondern von Gefühlswallungen. Danach halten wir uns vor Augen, wie unberechenbar die Menschen in Gruppen oder ganzen Staaten – online und offline – werden. Und jetzt multiplizieren wir das Ganze mehrmals und stellen uns vor, wie kompliziert ein zukünftiger Superorganismus, eine millionenfach verknüpfte künstliche Intelligenz sein wird. Diese lässt sich nicht mehr durch ein paar Befehle und Codezeilen in einer Programmiersprache steuern. Etwas Präziseres als Psychologie oder Pädagogik wird uns wohl kaum bleiben.

Fehlertoleranz

Wie bringen wir die Menschen dazu, den Maschinen Rücksicht beizubringen, ja, sie selbst vorzuleben? Nachdem im Internet vielerorts zuerst ein recht offener Geist wehte, hat sich das verändert, je mehr Menschen, Organisationen, Unternehmen und Ministerien daran teilnahmen. Einige versuchten und versuchen, das Internet ganz für ihre Zwecke zu gewinnen, Geheimdienste etwa oder die Werbeindustrie; andere nutzen das Netz einfach als Plattform für ihren Ärger und Frust, zum Beispiel die sogenannten Trolle. Kriegsführende Parteien lassen über die neuen Kanäle ihre Propaganda verbreiten, kriselnde Medienunternehmen suchen Aufmerksamkeit um jeden Preis. Und die große Masse – sie konsumiert, tratscht und klatscht, tauscht Bilder aus, lacht, wütet und freut sich über Katzenbilder; sie kann aber auch anders: Sie organisiert sich zu Protesten, solidarisiert sich und versucht, den Mitmenschen zu helfen und sie zu bewegen. Sie gründet Plattformen zur besseren Wissensvermittlung, zur Aufklärung der Mitmenschen, zum hilfreichen Informationsaustausch.

Die unterschiedlichen Bewegungen müssen austariert werden, wir müssen diskutieren und lernen, wie wir mit neuen Erscheinungen umgehen. Was ist, wenn peinliche Bilder einiger Personen verbreitet werden? Lachen wir mit, schimpfen wir dagegen oder lernen wir, gelassen damit umzugehen? Was ist, wenn klitzekleine Kameras intimste Details aus Schlaf- und Badezimmer veröffentlichen? Freuen wir uns heimlich, empören wir uns und verlangen strengere Gesetze oder lernen wir mit mehr Offenheit zu leben? Eine Musikerin verbietet Handys am Konzert, damit nicht eine plötzlich gerissene Hose in allen Medien herumgeistert. Peinliche Bilder vom Fußballtrainer am Spielfeldrand werden tagelang diskutiert und verspottet. Anonyme Mitmenschen werden fotografiert und in der Öffentlichkeit bloßgestellt: Das sogenannte Public Shaming ist weit verbreitet, auch wenn es manchmal nur um vorgeschobene angebliche Modesünden geht, andere Male aber um Spott über Minderheiten und Benachteiligte. Was richtig ist und was falsch, ist nicht vorgegeben. Ich persönlich bin der Meinung, wir brauchen mehr Fehlertoleranz. Wenn ein System entsteht, das bis ins kleinste Detail alles offenlegen kann, nützen Gesetze auf die Dauer nichts. Dauernde Häme, Schadenfreude und Proteste wegen kleinen Fehlern sind auch keine erfreuliche Aussicht. Ich möchte nicht, dass öffentlich über meine Peinlichkeiten gespottet wird, also versuche ich, auch andere nicht schlechtzumachen.

So pessimistisch man jetzt werden könnte: Wenn wir die Geschichte der Menschheit anschauen, müssen wir zugeben, wir haben es nach vielen sehr grausamen Fehler endlich geschafft, uns zu verbessern; zwar noch nicht optimal und aktuell offenbar wieder mit Rückschritten, aber es bleibt Anlass zur Hoffnung. Vielleicht wird die künstliche Intelligenz besser darin sein als wir es bisher waren und sie erledigt die Probleme für uns. Das ist zwar etwas utopisch, aber noch nicht ausgeschlossen. Wie wird sie selbst umgehen mit Fehlern, mit Vergesslichkeit, mit Fehlinterpretationen und mit Erinnerungen, die sich mit der Zeit verfärben?

Fehlertoleranz brauchen Maschine und künstliche Intelligenz auch auf andere Art: Auf die Dauer ist es wenig effizient, wenn bei einem technischen Fehler einfach eine Meldung kommt und ein Mensch eingreifen muss, damit das System wieder funktioniert. Die künstliche Intelligenz wird selbst damit umgehen müssen. Sie wird Resilienz erhalten müssen: die Erholungsfähigkeit auch ohne exakte Reparatur. Da sie mit zunehmender Komplexität unweigerlich menschlicher wird, wird sie lernen müssen, mit Fehlern und Schwachstellen umzugehen. Und wir werden der Maschine vertrauen müssen. Werden wir das können? Wie weit wird das Vertrauen gerechtfertigt sein? Heute sind wir noch weit davon entfernt, auch wenn sich einige Menschen offenbar schon blind nach der Technik richten. So sollte mal ein Haus abgerissen werden – die Bauarbeiter orientierten sich nach Google Maps, doch die Karte war ausgerechnet an dieser Stelle fehlerhaft. Mit der Folge, dass die Arbeiter das falsche Haus abgerissen haben. Beispiele von Menschen, die sich in blindem Vertrauen auf das elektronische Navigationssystem furchtbar verfahren haben, gibt es haufenweise im Internet (auch über sie sollten wir nicht zu sehr lachen).

Fehler wird es immer geben, beim Menschen und bei der Maschine. Ohne Fehlertoleranz wird kein System kreativ und lösungsorientiert sein können, es wird auf Probleme keine neuen Antworten finden. Solch ein Vorwärtsdrang – konstruktiv, durch Fehler begleitet, kreativ, zu Resilienz fähig – wäre wünschenswerter als eine sture Linie mit brutalen Rückschlägen. Können wir uns auf einen ethischen Kodex einigen und ihn für uns und die Maschinen etablieren? Müssen wir die allgemeinen Menschenrechte neu diskutieren, aktualisieren oder einfach wieder ins allgemeine Menschenbewusstsein rücken?

Bildungsauftrag

Ich habe weit vorgegriffen. Das Tempo der Digitalisierung nimmt zwar zu. Jetzt stehen wir aber vorerst am Beginn der ganz großen Umwälzungen, noch stellen sich andere Fragen. Dabei denken viele an wirtschaftliche Probleme, etwa an Arbeitsplätze, die verschwinden werden, an Geschäftsmodelle und -prozesse die überflüssig werden, aber auch an neue Berufe, die benötigt werden. Forderungen tauchen auf, man müsse an den Schulen mehr Informatik unterrichten, dem Nachwuchs Programmiersprachen beibringen. Aber was ist, wenn die Computer das Programmieren immer mehr selbst übernehmen (und das tun sie schon)? Wir hatten schon mal die Forderung nach mehr Informatikern – während der sogenannten Dotcom-Blase –, kurz darauf ging die Nachfrage nach zusätzlichen Fachkräften stark zurück. Sie erholte sich wieder; wenn jedoch Maschinen die Jobs der Informatiker übernehmen, wird sich der Trend nicht so schnell wieder wenden. Natürlich: Es wird andere Fachkräfte brauchen, aber ob diese Programmiersprachen beherrschen werden müssen?

Andererseits stellt sich die Frage tatsächlich, ob die Schülerinnen und Schüler nicht mehr Verständnis für Programmiercodes erhalten sollten. Nicht aus wirtschaftlichen Gründen, sondern weil wir ohne dieses Grundverständnis ganz schnell sehr viel Macht abgeben werden. Wer schaut den Entwicklern auf die Finger? Wer blickt den Maschinen ins Gehirn? Wenn wir davon ausgehen, dass gerade in der jetzigen Zeit die entscheidenden Grundsteine gelegt werden für die Entwicklung der uns bald beherrschenden Maschinen, dann sollten wir diese Grundsteine sorgfältig legen, sofern wir das noch rechtzeitig schaffen. Aber dazu müssten wir eben diese Grundsteine – das heißt die Codes und Programmierzeilen – überhaupt kennen und beurteilen können.

Eine weitere Forderung der Gesellschaft an die Schulbildung betrifft den Umgang mit den Gefahren des Internets, wie etwa Cybermobbing; die unmittelbaren gesellschaftlichen Folgen der Digitalisierung sollen beachtet und erlernt werden. Das ist richtig, gerade auch im Hinblick auf die Fehlertoleranz. Dabei betrachten wir allerdings nur einen kleinen Aspekt, der die Kinder direkt in ihrer Kindheit und Jugend, in ihrem sozialen Umfeld betrifft, und nicht das große Ganze, von dem sie in Zukunft betroffen sein werden. Wenn man nicht für die Schule, sondern fürs Leben lernt: gehören dann nicht viele zusätzliche Themen rund um die Digitalisierung in den Unterricht? Wie sollen wir mit den kommenden Herausforderungen umgehen? Welche Herausforderungen kommen? Brauchen wir wirklich mehr Naturwissenschaftler oder im Gegenteil mehr Philosophen? Vielleicht braucht es gar nicht so viel neuen technischen Schulstoff, sondern Ethik, Logik, kritisches Denken, Philosophie als Hauptfach?

Schlusswort

Konrad Lorenz soll einmal gesagt haben: »Ich habe die fehlende Verbindung zwischen den höchstentwickelten Affen und dem zivilisierten Wesen gefunden: Das sind wir.« Er war ein renommierter Wissenschaftler, eine Koryphäe der Verhaltensforschung. Als solcher muss er es wohl gewusst haben, und ich bin versucht, ihm zuzustimmen. Vieles, das ich beobachtet habe, stimmt genau mit dieser Aussage überein. Der Mensch ist zu sehr in der Biologie gefangen, um ein wirklich zivilisiertes Wesen zu sein, erst die von ihm entwickelten Maschinen könnten die gewünschte Stufe erreichen und eine wahrlich intelligente Gesellschaft auf die Beine stellen. Trotzdem bleibt die Ungewissheit: Wird es jemals ein zivilisiertes Wesen geben, wie es unseren Idealvorstellungen entspräche? Oder werden sich die Maschinen genau so grobschlächtig und unzivilisiert, so rücksichtslos und mörderisch, so irrational und narzisstisch verhalten, wie es einige Exemplare der selbsternannten Gattung Homo Sapiens tun?

Konrad Lorenz war punkto Zivilisation selbst nicht unumstritten, als Zeitgenosse der Nazis bewegte er sich offenbar nahe an verwerflichen Ideologien. Und deren Ideologie strebte einen Übermenschen an; unter anderem mit Eugenik wollten sie diesen erwünschten Idealtypen erschaffen, herzüchten. (Im Internet, so heißt es, lande jede Diskussion nach einer gewissen Zeit bei

Nazivergleichen. Damit wäre das in diesem Buch, das sich so sehr ums Internet dreht, ebenfalls geschehen.)

Auch heute versuchen Forscher mit verschiedenen Methoden von der Pränataldiagnostik bis zu genetischen Bausteinen gezielt den Menschen zu perfektionieren, seine Schwächen auszumerzen. Übermensch wird jedoch nicht ein einzelnes Individuum, sondern das, was sich evolutionär aus dem Menschen weiterentwickelt. Dann ist eben, wie Konrad Lorenz sagt, der Mensch nur die Verbindung zwischen Tier und zivilisiertem Wesen. Den Übermenschen kann man also nicht einfach so schaffen, er entwickelt sich aus unterschiedlichen Ansätzen mittels Versuch und Irrtum. Wobei immer irgendwelche Schwächen und Fehler bleiben, der Übermensch wird alles andere als perfekt sein, er ist einfach die nächste Entwicklungsstufe über dem Menschen – in einer langen Reihe, die unendlich weiterführen kann.

Wie gehen wir heute vor? Lassen wir aus diesen Überlegungen einfach fatalistisch die Evolution gewähren? Oder versuchen wir wenigstens, eine möglichst ideale Richtung vorzugeben, wie damals, als die Aufklärung und der Humanismus Verbesserungen für die Menschheit suchten und brachten? Erreichen wir das Gegenteil: keinen Humanismus, sondern ideologisch sture Vorgaben für die Zukunft? Basteln wir uns gerade dann einen technischen »Arier« nach den Zielvorgaben unserer aktuellen Ideologie? Wenn wir diesen Idealtypen nicht schaffen, sondern die Konkurrenzkämpfe um den Lebensraum weitergehen lassen: Schaufeln wir dann unser eigenes Grab, weil wir unter Umständen in einen tödlichen Konkurrenzkampf mit den zukünftigen Wesen geraten? Müssen wir nicht gerade deshalb sehr wohl eine ideale Maschine anstreben?

Wie Mark Twain – oder andere – gesagt haben: »Prognosen sind schwierig, besonders wenn sie die Zukunft betreffen.« Wir wissen also nicht, wie es weiter geht. Deshalb enthält dieses Buch oft mehr Fragen als Antworten. Wollen wir die Zukunft beeinflussen, können wir das überhaupt? Um ein letztes Zitat zu bringen, diesmal von Schopenhauer: »Der Mensch kann wohl tun, was er will, aber er kann nicht wollen, was er will.« Stimmt das? Im Wissen um die aktuelle Bewegung, um die Folgen der Digitalisierung können wir sehr wohl reagieren. Der Ausgang bleibt aber ungewiss. Wir sollten uns dadurch jedoch nicht entmutigen lassen, solange wir eine Chance haben. Und die haben wir jetzt gerade noch. Die Diskussion ist nötig.